Pierre Stutz
Gottesdienste ganzheitlich feiern

Pierre Stutz

Gottesdienste ganzheitlich feiern

Modelle für Gruppen und Gemeinden

Mit Tänzen von Marlis Ott

rex verlag luzern stuttgart

Die Deutsche Bibliothek - CIP-Einheitsaufnahme

Stutz, Pierre
Gottesdienste ganzheitlich feiern : Modelle für Gruppen und Gemeinden /
Pierre Stutz. - Luzern ; Stuttgart :
Rex-Verl., 1995
ISBN 3-7252-0607-4

© 1995 by rex verlag luzern stuttgart
Lektorat: Evelyn Schertler Kaufmann, Luzern
Umschlagfoto: Georgette Baumgartner, Luzern
Umschlaggestaltung: Madeleine Marti, Kriens
Satz: Marianna Marchello, Littau
Satz Lieder: Titus Bürgisser-Stalder, Emmenbrücke
Litho Umschlag: PAFF! Satz und Litho AG, Sursee
Druck und Binden: Ebner Ulm
ISBN 3-7252-0607-4

Inhalt

Alle nicht gekennzeichneten Gebete sind vom Autor.

Für Pia
Für Verena

Weggedanken

Die Sehnsucht, Orte der Hoffnung zu finden, wo Menschen mit anderen Menschen ihr Leben teilen und vertiefen, wächst. Das Bedürfnis vieler Menschen, zur Ruhe kommen zu können, bleibt oft ungestillt. Diese Sehnsucht verbindet Menschen, die regelmässig Gottesdienste feiern, mit Menschen, die es eher selten tun. Dieser Urwunsch nach Ganzheit steht einer weit verbreiteten Praxis in unseren Gottesdiensten gegenüber, wo stets neue Formen und immer neue Methoden gefunden werden müssen. Dabei wünschen sich zunehmend mehr Teilnehmende, abschalten zu können - sich selber zu finden - einige Momente einfach dazusein...

Die folgenden Bausteine für Gottesdienste mit Gemeinden und Gruppen nehmen dieses Anliegen ernst. Um einfache Formen und Gebärden im Gottesdienst erfolgreich auszuprobieren, ist es wichtig, niemanden zu vereinnahmen und dazu in aller Freiheit einzuladen. Ich habe gerade auch bei Feiern mit älteren Menschen mit einfachen Tänzen und Gebärden gute Erfahrungen gemacht. Dabei habe ich aber immer darauf geachtet, allen Mitfeiernden Zeit zu lassen und sie nicht zum Mitmachen zu zwingen. Kein Modell ist in der vorliegenden Form so gefeiert worden. Vielmehr habe ich eine Fülle von Anregungen und Ideen zusammengetragen, damit je nach Ort und Zahl der Teilnehmenden gezielt die verschiedenen Elemente ausgewählt, umgestellt oder umformuliert werden können. Ich ermutige Sie, wenige Elemente auszuwählen, viel Raum für Stille zu lassen, damit unsere kopforientierten Gottesdienste wieder auf die Füsse gestellt werden und zu Lebensfeiern werden, wo wir mit Kopf, Herz und Hand mit dabeisein können. Dabei können uns Symbole helfen.

Meiner Seele Raum geben

Symbole sind Zeichen, die auf eine tiefere, vielfach verborgene Dimension unseres Lebens hinweisen. Sie erinnern uns mitten im Alltag an das, was uns wichtig ist und unserer menschlichen Existenz einen Sinn gibt. Alltagszeichen und Symbole sind dazu da, um all das, was unser Leben kostbar und einmalig macht, zu vertiefen und zu vergegenwärtigen. Ich behaupte, dass unsere Wohnungen und Zimmer voller Heiligtümer sind. Durch Bilder, Poster, Postkarten und andere Alltagsgegenstände wird offensichtlich, was uns wertvoll ist. So kann ich nicht mehr einfach trennen zwischen dem Profanen oder Alltäglichen und dem Sakralen oder Heiligen. Hinter vielen persönlichen Zeichen, die wir mit uns tragen, entdecke ich eine religiöse Dimension, ohne diese Zeichen überzustrapazieren oder jemanden damit vereinnahmen zu wollen. Diese Überzeugung steht hinter all den Symbolen, die ich in den folgenden Modellen miteinbeziehen werde. Denn mit dem Verlust von Symbolen wird uns auch eine Möglichkeit genommen, die Vielfalt und die Widersprüchlichkeit unseres Lebens zu deuten und andere Anteil nehmen zu lassen an dem, was uns wertvoll und heilig ist. Wenn Menschen Alltagssymbole austauschen, einander Zuwendung und Freundschaft schenken, so lassen sich darin die Spuren Gottes entdecken. Unsere Seele erhält durch Symbole Raum, um ihr Bedürfnis nach Religion, nach Rückbindung zu dem Transzendenten, zu leben. Im Gottesdienstfeiern haben wir die Chance, mit Symbolen die Trennung von Alltag und Glauben zu überbrücken. Dabei ist zu beachten, wo und wie die Vorsteherinnen und Vorsteher des Gottesdienstes sitzen oder stehen. All diese Modelle gehen davon aus, dass im Gottesdienstraum jene, die vorbereitet haben, im Halbkreis im Chor vorne sitzen oder ganz nah bei den Bänken der Mitfeiernden. Dieser wichtigen gemeinschaftlichen Ausdrucksform können wir nicht genug Beachtung schenken. In Gruppengottesdiensten ist es wichtig, wie wir mit Symbolen, Kerzen, Tüchern, Blumen, mit der Bibel, mit Brot und Wein Christus als unsere Mitte vergegenwärtigen. Auf welche Weise der Gottesdienstraum gestaltet ist, dies hat eine symbolische Kraft, die wir nicht unterschätzen dürfen und die oft mehr bewirkt als viele Worte. Symbole können wir in den Ritualen vertiefen.

Rituale neu entdecken

Als aufgeklärte und autonome Menschen meinen wir oft, ohne Rituale leben zu können. Feste Bräuche habe wenig Platz in einer Welt, die zum Shoppingcenter der unendlichen Möglichkeiten geworden ist. Unser Handeln und Denken wird geprägt vom Anspruch, immer Neues zu konsumieren. Diese Gefahr holt uns auch im gemeinsamen Feiern ein, und wir sind eingeladen, zum Einfachen und Echten zurückzukehren. Als geistlicher Begleiter von Menschen, die ihr Leben neu ausrichten wollen, entdecke ich selbst neu die Kraft der Rituale. In unserer kleinen Kapelle in der Abbaye de Fontaine-André in Neuchâtel zünden wir jeden Tag eine Kerze an und nennen dabei die Namen der Menschen, die auf unser Gebet vertrauen. Ich staune, wie dieses einfache Ritual bei all unseren Gästen einen tiefen Eindruck hinterlässt. Ohne grosse Worte verbindet es, und wir sind zugleich dadurch entlastet, unsere Gebete stundenlang vorbereiten zu müssen. Wenn ich in einem Gespräch mit grosser Not konfrontiert bin und mir die Worte fehlen, mein Mitgefühl auszudrücken, dann hilft mir unser Ritual, und ich sage: "Morgen zünden wir unsere Kerze für Dich an!" In den folgenden Modellen stelle ich einfache Rituale vor, die von den Teilnehmenden zu Hause weitergeführt werden können. Als Weggedanke findet sich in jedem Modell eine spirituelle Alltagsübung. Ich empfehle, diesen Text zu kopieren und nach der Feier auszuteilen oder hinten aufzulegen. Denn eine lebendige Spiritualität im Alltag wird dann möglich, wenn wir uns eingestehen, dass wir einen regelmässigen Rhythmus brauchen.

Jedes Ritual birgt natürlich in sich die Gefahr, zu einem Automatismus zu werden. Rituale können sinnentleert werden, wenn sie nur noch aus Gewohnheit geübt werden. Darum erfordern die folgenden Bausteine von den Vorbereitenden auch die Bereitschaft, sich nicht nur äusserlich, sondern auch innerlich - eben ganzheitlich - einzustimmen. Nur wer sich mit seiner ganzen Existenz in die Feier einbringt, kann andere berühren und bewegen. Dies kann auch im Schweigen passieren.

"Schweige und höre...

... neige deines Herzens Ohr, suche den Frieden", lautet der Text eines Liedes, das unser Bedürfnis nach Innehalten ausdrückt. Ein notwendiges Zeichen der Zeit ereignet sich, wenn wir miteinander schweigend zusammen sind. Auch in unseren Gemeindegottesdiensten können wir das Innehalten neu einüben. Im Schweigen können wir all unsere Erfahrungen betrachten und sie in Verbindung bringen mit unserem Grund der Hoffnung, Christus selbst, der in uns immer neu geboren werden möchte. Ein Sensibilisierungsprozess kann in unseren Feiern stattfinden, indem wir Qualität vor Quantität stellen. Dies gilt auch für Worte und Riten. In Feiern mit kleinen Gruppen besteht nach einem gemeinsamen Erlebnis die grosse Chance, im

Feiern das Erlebte auch in der Stille zu vertiefen. So kann uns das Wort Gottes neu treffen.

Biblische Worte existentiell deuten

Weniger ist mehr. Viele Mitfeiernde hören bei den zahlreichen biblischen Texten in unseren Gottesdiensten gar nicht mehr richtig zu. Viele Texte scheinen ihnen schon bekannt, und sie erkennen in ihnen wenig Bezüge zu ihrem Leben. Wenige - aber gezielt ausgewählte - biblische Worte können uns mitten in unserer Existenz treffen, herausfordern und bestärken. Natürlich kann es bei einer Auswahl nicht darum gehen, Sätze aus dem Zusammenhang zu reissen. Die folgenden Impulse zeigen auf, wie wir ein Wort des Lebens weitergeben können, das die Mitfeiernden auch nach dem Gottesdienst begleiten kann. Da in allen Modellen der Stille nach dem Bibeltext ebensoviel Raum eingeräumt wird wie den Worten, braucht es keine langen Predigten mehr. Bereits ein kurzer Gedanke kann uns trösten und zum solidarischen Handeln ermutigen. So können wir immer mehr Mensch werden.

Urmenschliche Grundhaltungen einüben

"Ich fürchte, man wird in ein paar Jahrzehnten der Kirche vorwerfen, in ihrer Hauptaufgabe versagt zu haben: die Menschen positiv dazu anzuleiten, mit dem Ursprung des menschlichen Lebens Verbindung aufzunehmen", meint Henri J. M. Nouwen treffend. Uns ist das Urmenschlichste abhanden gekommen: zuhören zu können, solidarisch zu sein, zu staunen, gemeinsam zu essen und zu trinken, zu verzeihen, still zu werden… Dies alles ist nicht mehr selbstverständlich. Im ganzheitlichen Gottesdienstfeiern können wir einander ermutigen, im ganz Einfachen Grosses zu entdecken. Zugleich können wir einander bestärken, mit Leib, Geist und Seele schöpferische Menschen zu werden, die nicht nur einen Körper haben, sondern auch Körper sind.

Die folgenden Modelle setzen urmenschliche Grundhaltungen ins Zentrum, die wir eigentlich in jedem Gottesdienst mehr oder weniger antreffen. Die Themen sind inspiriert vom Ablauf einer Eucharistiefeier, um einerseits die Feier neu im Alltag zu orten, damit wir Eucharistie/Abendmahl nicht nur feiern, sondern auch - mitten im Alltag - erleben. Diese Lebensthemen können und sollen andererseits auch in vielfältigen Gottesdienstformen vertieft werden, in Meditationen, in Gemeindegottesdiensten, in Gruppengottesdiensten mit Jugendlichen, Frauen oder SeniorInnen, in Wortgottesdiensten oder Andachten, in Besinnungen am Anfang oder am Schluss des Zusammenseins oder bei uns zu Hause, damit das Feiern zum Engagement begeistert.

Tanz als Gebet

In einigen Modellen werden meditative Tänze vorgestellt. Auch hier kommt es auf die innere Grundhaltung an, in der die Tänze getanzt werden. Pia Birri Brunner bringt dies eindringlich zum Ausdruck: "In einfachen Reigentänzen aus verschiedenen Kulturen - darum oft auch kultischer Tanz genannt - begegnen wir alten Symbolen wie zum Beispiel dem Kreuz, der Spirale, dem Labyrinth… Durch das stete Wiederholen von Schritten und Gebärden holen wir diese Ursymbole wieder auf unseren Lebensweg, in unsere Bewegung hinein. Im Kreistanz bewegen wir uns um eine Mitte, die alle TeilnehmerInnen verbindet und zentriert. Es muss ein uraltes Bedürfnis sein, sich an der Mitte orientieren zu können. Sowohl Augustinus als auch Teresa von Avila und Franz von Assisi suchten durch Tanzen die Nähe der ersehnten Mitte. Tatsächlich ist der meditative Tanz eine Möglichkeit, durch das gemeinsame Kreisen um die Mitte zur eigenen Mitte zu finden - aber auch zur Mitte, um die sich alles dreht: Gott. So ist meditatives Tanzen eine Form, sich auf das Wesentliche auszurichten.

Langsame Kreistänze lassen mich ruhig werden, damit ich mit der göttlichen Mitte 'in Beziehung trete' und so mit Körper, Geist und Seele beten lerne. In bewegteren Tänzen kann ich meine volle Lebenskraft und -freude erfahren und darin einen wohltuenden Spannungsausgleich finden. Beim Innehalten und Nachempfinden kann mir mein Jetzt und Hier bewusst werden. Es bleibt dadurch nicht nur bei der äusseren Bewegung, sondern das meditative Tanzen verdeutlicht meine Beziehung zum Mitmenschen und zu Gott, kurz meine Lebenshaltung.

Wichtige Impulse für diese Form des Tanzes gab uns Bernhard Wosien (1908-1986). Er erforschte die Bedeutung der Schritte, Gebärden und Tanzwege. Darin

11

entdeckte er viele religiöse Inhalte. Ein grosser Lebenswunsch ging ihm in Erfüllung: seine Sehnsucht nach Gott tanzend darzustellen. Das ist das Geheimnis dieser Tanzart: die religiösen Bedürfnisse und Fragen nicht nur zu denken und zu fühlen, sondern sie mit Leib und Seele auszudrücken. Bernhard Wosien schreibt: "In den ältesten Formen der Kreisreigen fand ich zur Meditation des Tanzes als einem Schreiten in die Stille. Diese Meditation wurde für mich und meine Schüler Gebet ohne Worte."

Unzählige Menschen haben seither ähnliche Erfahrungen gemacht. Die Freude an Bewegung und das Bedürfnis, sich selber und anderen zu begegnen, sind die einzigen Voraussetzungen für meditatives Tanzen. Nach und nach gelingt es, die vorgegebenen Schrittformen fliessender und weicher werden zu lassen. Diese Kreiserfahrung kann mich sensibler machen für den alltäglichen Umgang mit mir selbst, meinen Nächsten und meinen Aufgaben.

Für mich ist das meditative Tanzen ein Weg, meinen Glauben immer tiefer und ganzheitlicher zu erleben, befreiend und mich wandelnd. Ich wünsche mir, dass diese Gebetsform weitere Kreise ziehen wird. Vielleicht könnte damit manches Klagen im religiösen und kirchlichen Bereich gewandelt werden in einen Reigen!"

Mystik und Politik

Wenn ich in diesen Bausteinen den besinnlichen Elementen und Ritualen eine besondere Beachtung schenke, so geschieht dies aus der Überzeugung, dass wir im Innehalten neue Kraft schöpfen können, um mit mehr Zivilcourage und Entschiedenheit an unserer Welt mitzugestalten, die die einmalige Würde aller Menschen und damit die Würde Gottes ins Zentrum stellt. Mystik und Politik sind untrennbar. Grosse Mystikerinnen und Mystiker können uns helfen, uns auf die Gratwanderung von Kampf und Kontemplation einzulassen. Sie haben den Schritt in die Stille gewagt, um sich mit aller Kraft für Reformen in Kirche und Gesellschaft einzusetzen. Sich in Christus zu verwurzeln führt auch in den eigenen Abgrund. Am Anfang jedes Modells steht für alle, die die Feiern vorbereiten, eine persönliche Einstimmung, die mit Gestaltungshinweisen verbunden ist.

Herzlich danken möchte ich allen, die mit mir an vielen Orten Gottesdienste mit der ganzen Gemeinde und in Gruppen gefeiert haben. Besonders dankbar bin ich für die Tänze, die Marlis Ott zur Verfügung gestellt hat, und Pia Birri Brunner für ihre vielfältigen Anregungen und Ermutigungen. Dankbar bin ich auch den Jugendlichen und Erwachsenen in der Abbaye de Fontaine-André, die sich morgens und abends in aller Einfachheit zum Gebet versammeln, um zu schweigen, zu singen, zu tanzen und um aus der biblischen Hoffnungsbotschaft Vertrauen für ein zärtlicheres und gerechteres Miteinander zu schöpfen.

Neuchâtel, Ostern 1995   Pierre Stutz

Modell 1

Zu mir stehen

Einstimmung und Gestaltungshinweise

Gerade dastehen zu können fällt uns gar nicht so leicht. Oft tun wir uns schwer, zu uns selbst zu stehen. In Diskussionen und Meinungsverschiedenheiten ringen wir um einen eigenen Standpunkt. Ehrlichkeit und Aufrichtigkeit uns selbst und anderen gegenüber sind wichtige Grundwerte. Wie oft aber machen wir uns etwas vor und können nicht zu dem stehen, was im Moment unser Leben leicht oder schwer macht. In diesem Selbstwerdungsprozess verheisst uns Christus einen aufrechten Gang. Die Fähigkeit, aufrecht zu gehen, müssen wir jeden Tag beim Aufstehen neu lernen, um uns mit unseren Möglichkeiten und Grenzen anzunehmen.

In diesem Modell nimmt die Körperübung, mit beiden Füssen auf dem Boden zu stehen, einen wichtigen Raum ein. In der Kirche können wir zur Einstimmung ins Thema eine lebensgrosse Silhouette aufstellen, die auf der einen Seite mit weissem Papier und auf der andern Seite mit schwarzem Papier bezogen ist. Die Teilnehmenden können während oder nach dem Gottesdienst im Pfarreizentrum auf die weisse Seite eigene Fähigkeiten aufschreiben und auf die schwarze Seite eigene Grenzen und Schwächen. In Gruppengottesdiensten können wir die Silhouette der Köpfe der Teilnehmenden nachzeichnen - mit einem Scheinwerfer oder Diaprojektor ist es recht einfach, den Konturen des Gesichtes auf einem weiss-schwarzen Blatt Papier, das an der Wand hängt, nachzufahren. Die Zeichnungen der Köpfe werden dann ausgeschnitten. Die Teilnehmenden schreiben während der Besinnung je auf die weisse oder farbige Seite ihre Talente und auf die dunkle Seite ihre Schwächen auf.

Wenn eine Körperübung nicht sinnvoll erscheint, kann das Thema mit dem Symbol der Schuhe entfaltet werden. Siehe Punkt 9 Symbole.

1. Zur Begrüssung

Liebe Mitmenschen

Zum Anfang dieses Gottesdienstes sind Sie aufgestanden - oder lade ich Sie nun ein, aufzustehen. Sie drücken damit Ihre Bereitschaft aus, ganz dazustehen. Ob es uns auch gelingt, uns ganz gerade hinzustellen? Das scheint gar nicht so leicht zu sein, nicht nur im Gottesdienst, sondern auch mitten im Alltag: beim Warten im Verkehr, beim Einkaufen, bei einer Verabredung tun wir uns oft schwer, allzulange zu stehen. Sitzen ist bequemer für uns. Auch jetzt? Nehmen Sie doch bitte wieder Platz. So können wir uns ruhig einstimmen auf unser Gottesdienstthema und danach einen Moment bewusst dastehen.

Es bedeutet für uns eine Lebensaufgabe, die wir täglich einüben müssen, zu uns zu stehen. Wir alle merken, wie einfach sich dies sagt und wie schwierig dies sein kann. Jedesmal, wenn wir bewusst oder ungewollt stehen, können wir diesem Lebensthema nachspüren. Erstaunlicherweise fällt es uns nicht nur schwer, zu unseren Fehlern zu stehen, sondern viele von uns tun sich auch schwer, zu ihren guten Seiten zu stehen. Das möchten wir in diesem Gottesdienst einüben. Wir gönnen uns einige Momente der Stille. Wir schenken uns diese Stille, denn daraus erwächst uns Kraft für den Alltag, für einen aufrechten Gang, für einen eigenen Standpunkt.

Mit dem Lied "Steh mit mir auf" stimmen wir uns ein, um danach einen Moment still in der Kirche zu stehen. Mit allen anderen, die auch versuchen, zu sich zu stehen.

2. Lied: Steh mit mir auf

Refr. Steh mit mir auf, geh mit mir los,

geh mit mir los in ei-nen neu - en Tag!

1. Lass uns nicht zu - frie-den sein, den Frie-den wolln wir bau-en.
2. Lass uns nicht zu - frie-den sein, mit je-dem klei-nen Schritt.

Lass uns nicht zu - frie-den sein, dem Men-schen wol-len wir ver-traun.
Lass uns nicht zu - frie-den sein: auf dem Weg ge-hen vie - le mit.

3. Lass uns nicht zufrieden sein, wir wollen heute leben,
lass uns nicht zufrieden sein, wir wollen weitergeben.

Text: Hans-Jürgen Netz (+vd)
Musik: Peter Janssens
Textrechte: tvd-Verlag Düsseldorf
Musikrechte: Peter Janssens
Musik-Verlag, Telgte-Westfalen, 1979

3. Besinnungselemente

Körperübung

All jene, die möchten und die es können, bitte ich nun, einen Moment aufzustehen. Wer wegen seiner körperlichen Gebrechen nicht mehr stehen kann, ist eingeladen, so gut es geht beide Füsse auf den Boden zu stellen und so mit dabeizusein.
Mir hilft es, wenn ich die Augen schliesse. Jede und jeder soll selbst entscheiden, was angenehmer ist. Ich stelle mich gut hüftbreit hin, versuche einen guten Stand zu finden, meinen guten Stand zu finden. Der Atem, das Geschenk meines Lebens, hilft mir dabei. Ich konzentriere mich auf meinen Atem, der rhythmisch kommt und geht. Mit jedem Ausatmen versuche ich bewusster auf dem Boden zu stehen. Ich lasse den Atem durch den ganzen Körper fliessen - bis zu meinen Füssen, die so immer mehr sich auf dem Boden verwurzeln können. Da bin ich und versuche zu mir zu stehen, meinen Standpunkt einzunehmen, bei mir anzukommen. Ich tue es ohne Druck und versuche es anzunehmen, wenn es mir schwerfällt, einfach dazustehen. Das bin ich, und das ist gut so. So stehen wir nun einen Moment still da, mit den anderen vertrauend, dass jeder einzelne versucht, zu sich zu stehen, zu all dem, was im Moment zu unserem Leben gehört. Der Atem hilft uns dabei, er kommt und geht in meinem Rhythmus, und das ist gut so.

1-3 Minuten still dastehen

Wir bewegen nun langsam unsere Zehen, unsere Füsse und je nach Wunsch unseren ganzen Körper. Wir öffnen unsere Augen und nehmen die andern bewusst wahr, die auch da sind, mit ihrem Standpunkt. Stehend hören wir nun ein Gebet - Auswahl siehe unter Punkt 4 Gebete.

Standortbestimmung

Ich lade Sie ein, stehend oder sitzend, sich einen Moment Zeit zu nehmen, um nachzudenken und nachzufühlen, wo es Ihnen in den letzten Tagen gelungen ist, zu sich zu stehen, zu Fähigkeiten und Grenzen. Die Stille oder die Instrumentalmusik hilft uns, in aller Ruhe folgenden Fragen nachzuspüren:

Ich erinnere mich an all die Orte, wo ich eine längere Zeit gestanden bin, wie ging es mir dabei? Beim Stehen im Verkehr, beim Einkaufen, im Büro. - *Stille* -
Ich nehme mir vor, dass ich in den kommenden Tagen versuche, dieses Dastehen bewusster als Übung wahrzunehmen, um zu lernen, zu mir zu stehen. - *Stille/Musik* -

Ich denke an Diskussionen zurück, wo ich mit meiner Meinung in der Minderheit war. Wo es zum Beispiel um Ausgegrenzte, um Flüchtlinge, um Aussenseiterinnen und Aussenseiter ging und ich mich nicht getraute zu sagen, was ich wirklich fühlte. Wie ging es mir dabei? Habe ich meinen Standpunkt zurückgehalten? Habe ich ihn eingebracht? - *Stille* -
Ich nehme mir vor, dass ich in solchen Situationen meine Füsse bewusster auf den Boden stelle, um auch körperlich zu meinem Standpunkt zu stehen. - *Stille/Musik* -

Ich schaue zurück auf den Tag, auf die vergangenen Tage und nehme wahr, wo ich zufrieden mit mir bin, was ich gut gemacht habe. Auch wenn es mir im Moment ganz selbstverständlich scheint, so anerkenne ich bei mir all die guten Seiten, die zu mir gehören, an denen ich mich freuen darf. - *Stille* -
Ich nehme mir vor, jeden Tag einen Moment Zeit für mich zu nehmen, um festzuhalten, aufzuschreiben, was ich gut gemacht habe. So lerne ich, zu meinen Fähigkeiten zu stehen. - *Stille/Musik* -

Ich vergegenwärtige mir Momente, wo ich unehrlich zu mir selber war, wo ich mir und anderen etwas vorgemacht habe. Begegnungen, wo ich nicht zu mir und zu meinen Grenzen gestanden bin, wo ich zu etwas ja sagte, was mich dann überforderte. - *Stille* -
Ich stelle mir vor, jeden Tag zu meinen Fehlern zu stehen. Denn nur so können sie wohlwollend verändert werden. - *Stille/Musik* -

Meine dunklen und hellen Seiten
Die obengenannten Gedanken können auch mit der Idee, die am Anfang dieses Modelles vorgestellt wurde, in Verbindung gebracht werden: die lebensgrosse Silhouette oder das Schattenbild der Köpfe. Während der Besinnung können die Teilnehmenden Fähigkeiten und Grenzen aufschreiben oder Symbole zeichnen. Mit einem Gebet (siehe unten) wird die Besinnung vertieft.

4. Gebete

Gott, du Grund unseres Vertrauens, jeden Tag unseres Lebens versuchen wir neu, zu uns zu stehen. Es fällt uns nicht leicht. Zu gross sind die Ansprüche und Erwartungen, die wir meinen erfüllen zu müssen. Darum kommen wir zu dir. Vertrauend, dass du uns ermutigst, unseren Standpunkt zu finden. Bittend, dass du uns bestärkst, auf das zu schauen, was in unseren Möglichkeiten liegt und nicht immer auf das, was uns überfordert. Hoffend, dass du immer mehr unser Grund wirst, auf dem wir stehen können, um innezuhalten, um dein Wirken in uns zu vergegenwärtigen, um neue Schritte der Versöhnung und der Veränderung zu wagen. Jetzt und in jedem Atemzug unseres Lebens. Amen.

Christus, du vertrauensstiftende Kraft, wir möchten lernen, ehrlicher mit uns zu werden. Dein Standpunkt ist uns dabei wichtig. Denn du verheisst uns Versöhnung in unserem Versagen, und du sprichst uns eine einzigartige Würde zu, wenn wir zu unseren Schwächen und Stärken stehen und sie nicht nur für uns selber behalten, sondern auch mit anderen über sie sprechen. Da bist du mitten unter uns. Amen.

Freundin Geist, du atmest in uns, in unserem Sehnen nach Wahrhaftigkeit. Wir möchten unser Leben neu ausrichten, indem wir mitten im Alltag auf unseren Atem hören und bewusst dastehen mit dem, was unser Leben kostbar und schwierig werden lässt. Stifte uns an, Wohlwollen anzunehmen und weiterzuschenken, Gerechtigkeit zu fördern, Widerstand zu wagen, Versöhnung zu leben, im Aufstehen gegen alle Unterdrückung. Amen.

5. Geschichten

Die Geschichte von Colombin

Am Hofe gab es starke Leute und gescheite Leute, der König war ein König, die Frauen waren schön und die Männer mutig, der Pfarrer war fromm und die Küchenmagd fleissig - nur Colombin, Colombin war nichts.

Wenn jemand sagte: "Komm, Colombin, kämpf mit mir", sagte Colombin: "Ich bin schwächer als du."

Wenn jemand sagte: "Wieviel gibt zwei mal sieben?", sagte Colombin: "Ich bin dümmer als du."

Wenn jemand sagte: "Getraust du dich, über den Bach zu springen?", sagte Colombin: "Nein, ich getraue mich nicht."

Und wenn der König fragte: "Colombin, was willst du werden?", antwortete Colombin: "Ich will nichts werden, ich bin schon etwas, ich bin Colombin."

Weitere Geschichten, gesammelt von W. Hoffsümmer (siehe Literaturverzeichnis):

255 Kurzgeschichten, Geschichte Nr. 202: Lebensangst - Auch ein Clown lacht nicht immer.

Kurzgeschichten 3, Nr. 17: Was mir fehlte im Leben; Nr. 27: Standfest sein.

Kurzgeschichten 4, Nr. 168: In allem Lernen den Abglanz Gottes sehen.

Kurzgeschichten 5, Nr. 5: Parabel vom Adler, der sich selber wurde; Nr. 49: Umkehr bei sich selber anfangen.

6. Biblische Motive

Genesis 18,22: Abraham steht vor Gott. So kann er seinen Standpunkt einbringen und mit ihm ringen.

Exodus 15,20-21: Mirjam steht auf und zieht mit andern Frauen singend und tanzend los.

Psalm 147: Gott richtet Gebeugte wieder auf.

Jesaja 43,1-7: "Weil du in meinen Augen teuer und wertvoll bist und ich dich liebe...fürchte dich nicht." Gott schenkt uns alle Tage sein bedingungsloses Ja. Dies ist der tiefste Grund, um aufrecht zu stehen. Siehe auch unter Punkt 9 Symbole.

Matthäus 13,24-30: Unkraut und Weizen wachsen miteinander, auch in uns ist beides anzutreffen.

Matthäus 25,14-30: Wenn ich aus Angst vor dem Versagen meine Talente vergrabe, bleibe ich hinter meinen Möglichkeiten zurück. Das Eingestehen dieses Schmerzes kann für mich wie ein 'Heulen und Zähneknirschen' sein. Wenn ich mich zu sehr mit anderen vergleiche, macht sich in mir Finsternis breit und ich sehe meine eigenen Fähigkeiten nicht mehr.

Lukas 15,11-32: Von dem Moment an, wo ich zu mir und auch zu meiner schwierigen Vergangenheit stehen kann und umkehre, beginnt etwas Neues in mir. Ein Fest wird möglich, weil Gott mir verzeihend entgegenkommt. Darum bin ich auch aufgerufen, mir versöhnend zu begegnen.

Offenbarung des Johannes 3,14-22: Entscheide dich, bleibe nicht lau und mache dir nichts vor. Nur wenn du dir eingestehst, dass auch dir etwas fehlt, wirst du Gottes Entgegenkommen erfahren, der mit dir Mahl halten will.

7. Spielszene zu Lukas 13,10-13

Christus richtet all das Gekrümmte in uns auf. Das ist ein jahrelanger Prozess.

Nach dem Lesen des Evangeliums verteilen sich im Chorraum verschiedene Menschen, die sich gebückt und gekrümmt hinstellen. Sie stehen einige Minuten so da, als Sinnbild für unser Gebückt- und Gekrümmtsein. Stellvertretend für die ganze Gemeinde stehen einige, die in den Bänken sitzen, auf, gehen nach vorne und legen den Gekrümmten die Hände auf den Rücken. Langsam können sie sich nun aufrichten lassen und sich aufrecht hinstellen.

8. Gedichte und Texte

Ich bin dabei

Ich bin dabei
gehör dazu
und bleibe doch
auf Sicherheitsdistanz
kein Druck!
keine Vereinnahmung!
Denn ich

gehöre mir
und keiner
niemand
hat irgendein
Recht
auf mich

Auf Grenzen wandre ich
und gehe meinen Weg

Lisianne Enderli

Aus: Das Weite suchen. Adventskalender der Jungen Gemeinde Zürich 1993, S. 4.

Mitgerissen

Mitgerissen von dem Gelaber der anderen
"Ja" sagen, wenn ich eigentlich "Nein" meine
feige, die eigene Meinung zu sagen
feige vor den anderen
feige vor mir selbst
zu feige, zu zeigen, dass
ICH
anders bin

Ulla Lobeck

Aus: Bundesleitung der Katholischen Jungen Gemeinde (Hg.), AusZeiten!, Texte und Gebete, S. 66
(ISBN 3-929 176-25-4) © 1993 KJG Verlagsgesellschaft mbH, Düsseldorf

meine maske ablegen

du
hast mich herausgerissen
aus meiner not

du
hilfst mir meine maske abzulegen
damit ich mich mehr
mir zuwenden kann

zugewandt
mir selber
meinem leiden
an mir
meiner unfähigkeit
gelassen zu sein
meinen krampfhaften versuchen
mich alleine verändern
zu wollen

zugewandt
unserer welt
wo alles machbar geworden ist
wo der sinn verloren gegangen ist
wo am wesentlichen vorbeigelebt wird

zugewandt
dir
deiner ver-rückten leidenschaft
vom ehrlichen menschen

Pierre Stutz, nach Psalm 54,9

Aus: Pierre Stutz, Dem Morgen entgegen. Unaufhaltsame Gebete in Stunden der Nacht, rex verlag luzern stuttgart 1992, S. 60.

Mystische Lebenserfahrungen

"Als Gott dem Menschen ins Angesicht schaute, gefiel er Ihm sehr gut. Hatte er ihn doch nach der Gewandung Seines Bildnisses geschaffen und auf Verähnlichung mit sich hin geschaffen."

Hildegard von Bingen

Gott wohnt und wirkt in jedem Menschen, auch im grössten Sünder.

Johannes vom Kreuz

Aus: Pierre Stutz/Andreas Benjamin Kilcher, Vom Unbegreiflichen ergriffen. Mystische Lebenserfahrungen, rex verlag luzern stuttgart 1993, S. 18 und 79.

9. Symbole

Fingerabdruck: Beim Einzug in die Kirche sind alle eingeladen, auf ein kostbares Pergamentpapier ihren Fingerabdruck zu machen, als Zeichen ihrer Einmaligkeit.

Fussabdruck: In Gruppen machen alle auf ein grosses Plakat mit Farben einen Fussabdruck, als Zeichen ihrer Einzigartigkeit und für einen aufrechten Gang.

Schuhe: Rund um den Altar liegen verschiedene Schuhe, die in ganz verschiedene Richtungen zeigen. So wird offensichtlich, dass es viele Standpunkte gibt und braucht, um uns allen gerecht zu werden. Die Liturgiegruppe fügt beim Lesen der Besinnungsgedanken (vgl. Punkt 3) neue Schuhe hinzu. In einem Gruppengottesdienst stellen die Teilnehmenden selber ihre Schuhe in die Mitte und sagen, was es ihnen leicht/schwer macht, zu sich selber zu stehen.

10. Unservater beten

Wenn wir miteinander "Mutter-/Vaterunser im Himmel" beten, dann stehen wir noch einmal bewusst auf. Wir nehmen uns einen Moment Zeit, um gut dazustehen, so aufrecht wie möglich, damit wir mit unserem ganzen Körper beten können. Eine Geste kann uns helfen: offene Hände oder hochgehaltene Arme.

11. Segensbitte

Jene, die möchten, können der Nachbarin, dem Nachbarn während der Bitte die Hand auf die Wirbelsäule legen, um sie oder ihn beim Geradestehen zu unterstützen.

Gott,
deine Zuwendung brauchen wir.
Richte uns auf,
wenn wir gebückt sind.
Stärke unser Rückgrat,
wenn unsere Zivilcourage gefragt ist.
Erfülle uns mit Wohlwollen
uns selber gegenüber,
damit auch wir wohlwollende Menschen werden.
Zeichne uns aus mit deinem Segen,
deinem JA in unserem Leben,
damit wir aufrichtige Menschen werden.
Bestärke uns im Vertrauen,
dass du segnend mit uns bist alle Tage und Nächte.
Amen.

Wenn die Feier mit einem der Symbole gestaltet worden ist:

Gott,
wieder stehen wir auf unseren beiden Füssen,
gestärkt durch diese Feier. Wir danken dir.
Segne uns und lass uns ausziehen als Volk Gottes,
mit der Verheissung, aufrechte Menschen zu werden.
Segne uns und lass uns nie vergessen, dass du uns
einzigartig erschaffen hast, um mitzugestalten an
deiner Schöpfung, die uns trägt und Kraft zum Engagement schenkt.
So segne uns
Gott, unser Grund zur Hoffnung,
Christus, unser Wegbegleiter,
Schwester Geist, unser Lebensatem. Amen.

12. Auf den Weg

Spirituelle Alltagsübungen

Morgens beim Aufstehen
nehme ich bewusst wahr, dass ich aufstehen kann.
Ich stelle mich in die Mitte des Zimmers und
stehe einige Momente bewusst dort,
bin dankbar, dass ich überhaupt aufstehen kann
und danke dem Schöpfer allen Lebens für dieses Geschenk.
Danach verneige ich mich tief.

Beim Warten in der Einkaufsschlange, an einer Haltestelle,
in der Werkstatt, im Büro stehe ich bewusst da,
atme tief durch und gönne mir eine Pause.
Ich nehme wahr, wie ich mich fühle, und
ich versuche, zu mir zu stehen. In alldem lassen sich
die Spuren Gottes in meinem Leben finden.

Am Ende des Tages, der Woche schreibe ich auf, womit
ich zufrieden bin, und woran ich weiterhin arbeiten möchte.
In diesem Menschwerdungsprozess kann ich so werden, wie mich
Gott von Anfang an gemeint hat.

Pierre Stutz

Dieser Baustein kann kopiert und nach dem Gottesdienst den Mitfeiernden als Weggedanke für den Alltag mitgegeben werden.

Modell 2

Nischen der Stille

Einstimmung und Gestaltungshinweise

"Kann es etwas Schlimmeres geben, als dass wir uns in unserem eigenen Haus nicht wohlfühlen? Wie können wir hoffen, in anderen Häusern Ruhe zu finden, wenn wir sie im eigenen nicht zu finden vermögen?" fragt die Mystikerin Teresa von Avila. Diese Lebensweisheit lädt uns ein, zur Ruhe zu kommen und vermehrt einzuüben, im Augenblick, im Hier und Jetzt zu leben. Denn überall, wo ich hingehe, nehme ich mich selbst mit. Darum ist es entscheidend, dass ich bei mir selbst innere Ruhe, Heimat und Geborgenheit finde. Nur so kann ich auch von den anderen erwarten, dass sie mich darin unterstützen, immer darauf vertrauend, dass Gott selbst uns diese Nischen der Stille schenkt. In unserer Zeit, in der wir einander an unseren Leistungen messen, tun wir gut daran, uns auch einmal zum Nichtstun zu ermutigen. Denn im stillen Daseinkönnen gewinnt unser Leben eine sinnstiftende Kraft. Diese göttliche Tugend des Ausruhens, der Musse erfüllt uns mit der Kraft, die wir benötigen, um alte, kranke und behinderte Menschen in unser Leben zurückzuholen. Im Zeithaben für uns selbst und für Begegnungen mit anderen Menschen kann eine gesellschaftspolitische Kraft wachsen für den Kampf um eine menschenwürdige Arbeit und Freizeit. Mit der Fähigkeit, still zu werden, vergegenwärtigen wir die Verheissung Gottes, dass jeder Mensch, unabhängig von seiner Leistung, bis zur letzten Minute seines Lebens einmalig und kostbar ist.

Jeder Gottesdienst kann in uns diese Grundhaltung neu wecken und vertiefen. Allein ist es schwierig, der Hektik unserer Zeit zu entrinnen. Miteinander zu schweigen, innezuhalten fällt uns leichter. Gegenstände aus unserem

Alltag können uns an diese lebensfördernden Werte erinnern. Ein Kissen oder ein Liegestuhl kann für das Bedürfnis in uns stehen, zur Ruhe zu kommen, einfach dazusein, geniessen zu können.

Um die Teilnehmenden einzustimmen, hängt an der Kirchentür ein Kissen. Auch in den Mittelgängen und um den Altar liegen verschiedene Kissen. Wir können die Mitfeiernden vorher einladen, ihr Lieblingskissen mit in den Gottesdienst zu bringen.

1. Zu Beginn

Liebe Mitfeiernde

Vielleicht haben Sie über das Kissen an der Kirchentür schmunzeln müssen. Das Kissen soll für unser Bedürfnis stehen, abzuschalten, auszuruhen und still zu werden. Leider bestimmen sehr oft Stress und Hektik unser Leben. Wir glauben allzu schnell, keine andere Wahl zu haben. Dem möchten wir in diesem Gottesdienst biblische Hoffnungsworte und -taten entgegenstellen, die uns ermutigen, vermehrt Nischen der Stille zu schaffen und einzurichten. Dies wollen wir auch in dieser gemeinsamen Feier tun. Viele von uns sind es nicht gewohnt, längere Zeit still zu sein. Dennoch teilen alle Anwesenden das Bedürfnis und den Wunsch, in dieser Feier uns selbst ein bisschen näher zu kommen und vom Alltag abzuschalten. Wir wollen dies heute und an jedem Sonntag neu einüben. Verbunden mit der Hoffnung, dass die vielen Kissen, die hier in der Kirche sind, zum Zeichen werden, dass wir auch vermehrt mitten im Alltag Nischen der Stille schaffen. Als Einstimmung singen wir miteinander das Lied:

2. Lied: Schweige und höre (vgl. Hallelu II, S 4 oder miteinander, Nr. 126)

3. Besinnung

Für die heutige Besinnung nehmen wir uns viel Zeit. Das soeben gesungene Lied wird uns begleiten. Wir werden es mehrmals wiederholen und dazwischen Stille halten. Auf der Treppe zum Altar werden drei Personen mit ihren Kissen verschiedene Haltungen einnehmen, die uns helfen können, still zu werden. Schauen wir ihnen zu und lassen wir uns im Schauen zur Stille anstiften. Die Konzentration auf unseren Atem, der kommt und geht, hilft uns dabei.

Erste Person legt ihr Kissen behutsam auf den Boden und legt sich nieder. Ihr Kopf ruht auf dem Kissen. - *2 bis 5 Minuten Stille* -

Lied: Schweige und höre

Zweite Person setzt sich im Meditationssitz auf ihr Kissen. - *2 bis 5 Minuten Stille* -

Lied: Schweige und höre

Dritte Person setzt sich in einen Liegestuhl und schiebt sich ein Kissen unter den Nacken. - *2 bis 5 Minuten Stille* -

Lied: Schweige und höre

Gebet

Gott
in uns lebt der Urwunsch
still zu werden
innerlich ruhig zu werden
einfach dasein zu können.

Schwer tun wir uns damit
komm du uns entgegen mit
deinem ruhestiftenden Geist.

Stärke in uns das Vertrauen
vermehrt im Hier und Jetzt leben zu können.

Schenke uns Versöhnung
innere Zufriedenheit
um selbst ein Zeichen der Versöhnung zu werden
mit Christus
unserem Friedensstifter.

4. Geschichten

Die Erfahrung der Stille

Zu einem einsamen Mönch kamen eines Tages Menschen.
Sie fragten ihn: "Was für einen Sinn siehst du in deinem Leben der Stille?"
Der Mönch war eben beschäftigt mit dem Schöpfen von Wasser aus einer tiefen Zisterne. Er sprach zu seinen Besuchern: "Schaut in die Zisterne! Was seht ihr?"
Die Leute blickten in die tiefe Zisterne.
"Wir sehen nichts."
Nach einer kurzen Weile forderte der Einsiedler die Leute wieder auf: "Schaut in die Zisterne! Was seht ihr?"
Die Leute blickten wieder hinunter. "Ja, jetzt sehen wir uns selber!"
Der Mönch sprach:
"Schaut, als ich vorhin Wasser schöpfte, war das Wasser unruhig. Jetzt ist das Wasser ruhig.
Das ist die Erfahrung der Stille: Man sieht sich selber!"

Aus: W. Hoffsümmer, Kurzgeschichten 2, Nr. 48: Frei gestaltet nach Erhart Kästner.
Weitere Geschichten, gesammelt von W. Hoffsümmer:
Kurzgeschichten 2, Nr. 146: Das Wichtigste ist, womit er sich gerade abgibt.
Kurzgeschichten 3, Nr. 171: Leer-erfüllt werden; Nr. 174: Den Augenblick leben.
Kurzgeschichten 4, Nr. 46: Stille; Nr. 106: Die Seele kommt nach; Nr. 107: Keine Zeit; Nr. 184: Sich Zeit nehmen.
Kurzgeschichten 5, Nr. 177: Brauchen Sie Stille?

5. Biblische Motive

Genesis 2,1-4a: Von der göttlichen Tugend des Ausruhens.

Exodus 20,8-11: Von der gesellschaftspolitischen Kraft des Ruhens.

Psalm 131: Meine Seele ruhig werden lassen - wie ein kleines Kind bei der Mutter ist meine Seele still in mir.

Jesaja 30,15: Nur Stille und Vertrauen ermöglichen Umkehr.

Jesaja 32,15-20: Ertrag der Gerechtigkeit ist Ruhe.

Matthäus 14,22-33: Bevor Jesus in der Öffentlichkeit auftritt, geht er in die Einsamkeit.

Markus 1,35/6,46: Jesus zieht sich zurück zum Beten.

Lukas 9,28-36: Im Weggehen vom Alltag ist eine neue Sicht möglich, eine tiefere Wirklichkeit wird uns in neuen Bildern bewusst.

6. Weitere Texte und Gebete

Im Augenblick leben

"Du suchst Gott, aber Gott ist dir bei deiner Suche zuvorgekommen: Er hat dich gefunden, bevor du auch nur begonnen hast, ihn zu suchen. Du hast seine Stimme vernommen und bist gekommen. Du hast Zeit. Alle Menschen klagen, dass sie nicht genug Zeit haben. Das kommt daher, weil sie ihr Leben mit allzu menschlichen Augen betrachten. Man hat immer Zeit, um das zu tun, was Gott uns zu tun gibt. Aber wir müssen ganz und gar in dem Augenblick leben, den er uns gibt."

Communauté de Taizé

Von der Einsamkeit

"Mein Alter, was brachte Dich dazu, allein zu leben, fern von den andern?" fragte ich weiter.

"Dir erscheint es sicher eigenartig, wenn ein Mensch beschliesst, als Einsiedler zu leben. Aber hast du dich auch gefragt, warum du das Zusammenleben mit den anderen brauchst? Vielleicht, weil du von der Liebe anderer Menschen abhängst. Vielleicht aber auch aus Angst vor Einsamkeit. Stammt nicht deine Liebe für andere aus deiner Selbst-Liebe, deiner Selbst-Achtung? Könntest du irgend jemanden lieben, wenn du dich selbst nicht magst? Und wie kannst du hoffen, von einem anderen Menschen geliebt zu werden, wenn es dir nicht gelingt, dich selbst zu lieben? Ist die Angst vor der Einsamkeit nicht nur die Furcht, allein zu sein mit sich selbst? War es nicht häufig so, dass du dich gerade dann unendlich allein fühltest, wenn du mit vielen zusammen warst? ... Also, mein junger Freund, suche, dich zu verstehen und dich zu lieben, damit du niemals die Einsamkeit zu fürchten brauchst."

Aus: Silvino Alves da Silva Neto, Der Eremit. © Walter-Verlag AG, 1994

Notwendend

Wenn ich ein Arzt wäre und mich jemand fragte:
"Was meinst du wohl, was getan werden sollte?" Ich würde antworten: "Das erste, die unbedingte Bedingung dafür, dass überhaupt etwas getan werden kann, das erste, was geschehen muss, ist: Schaff Schweigen, hilf anderen zum Schweigen."

Sören Kierkegaard

Du bist nicht allein

Vielleicht
bist du dir selbst
fremd geworden
Du findest dich wieder
in der Wüste
weitab von Tamtam und Trara
Dann im Schweigen
in der Abgeschiedenheit
nach und nach

33

immer klarer und deutlicher
entdeckst du deine Würde
dein wahres Selbst

Unerwartet nah
ahnst du den leisen Schritt
und spürst
du bist nicht allein

Regina Osterwalder

Aus: Unerwartet nah. Adventskalender der Jungen Gemeinde Zürich 1992, S. 18.

7. Fürbitten

Während des heutigen Fürbittgebetes werden wir zuerst alle ganz still. Wir denken in dieser Stille an alle Menschen, die auf unser Gebet vertrauen und die hoffen, dass wir heute an sie denken. Nach einiger Zeit des stillen Gebetes wiederholen wir das Lied "Schweige und höre". Danach sind alle eingeladen, laut die Namen der Menschen auszusprechen, die auf unser Gebet vertrauen.
In Gruppengottesdiensten können alle, die einen Namen aussprechen, eine kleine Kerze auf dem Altar oder beim Taufstein entzünden. Dieses Ritual können wir jeden Sonntag oder am ersten Sonntag des Monats wiederholen.

8. Gebet zur Gabenbereitung

Gott, unruhig kommen wir zu dir.
Wir möchten zur Ruhe kommen und du hältst uns
Brot und Wein entgegen, um uns im Vertrauen
zu bestärken, nicht alles alleine machen zu
müssen. So legen wir unser Leben und all die
Menschen, die auf unser Gebet vertrauen, ganz nah

zu den Hoffnungzeichen, die durch Jesus sichtbar
geworden sind. Sein friedensstiftender Geist
wandle nicht nur diese Gaben, sondern unsere
Seelen, damit wir in dir Heimat und Geborgenheit
finden. Amen.

9. Zum eucharistischen Gebet

Alle sind nun aufgerufen, im stillen Mitdabeisein um Gottes lebendigen Geist zu bitten, damit er unsere Erinnerung stärke und wir vergegenwärtigen können, dass
Christus unsere Mitte ist, die uns innerlich ruhig werden lässt, um im Feiern von Tod
und Auferstehung unser Engagement für eine menschenfreundlichere Welt wieder-
entdecken zu können.

Das Gebet wird durch einige Momente der Stille unterbrochen.

10. Vaterunser/Friedensgeste

Heute beten wir das Gebet, das Christus uns anvertraut hat, ganz langsam und mit
offenen Händen, die wir hochhalten. Wir drücken unsere Bereitschaft aus, Frieden
zu stiften und uns innere Zufriedenheit schenken zu lassen.

11. Segensbitte

Nischen der Stille suchen,
mitten im Tun:
Im Ein- und Ausatmen
Gottes Geist spüren.

Oasen des Vertrauens schaffen,
mitten im Jahr:

Im Auftanken Kraft schöpfen,
im Einsatz für mehr Menschenwürde
Christus vergegenwärtigen.

Orte der Gelassenheit entdecken,
mitten im Tag:
Im Hier und Jetzt leben,
jeden Augenblick als Geschenk
Gottes wahrnehmen.

Segensmomente finden,
mitten im Aufbruch:
Sich segnen lassen durch
Gott, der uns wie Mutter und Vater ist,
der uns in Jesus Christus lebensnah geworden ist
und durch Schwester Geist in uns atmet. Amen.

12. Auf den Weg

Spirituelle Alltagsübungen

In der Wohnung, im Zimmer oder am Arbeitsplatz eine Nische der Stille einrichten, die mir hilft, mitten im Tun einen Moment still zu werden, um das Leben vertiefen zu können.

"Nimm dir jeden Tag eine halbe Stunde Zeit zum Gebet, ausser wenn du viel zu tun hast, dann nimm dir eine Stunde Zeit."

Franz von Sales

Im Wartesaal, in der Strassenbahn oder im Büro bewusst einen Moment die Augen schliessen, beide Füsse auf den Boden stellen, gut durchatmen und ruhig werden.

An Tagen, wo vieles unerträglich scheint und uns eines nach dem anderen misslingt, immer wieder tief durchatmen und uns erinnern: Es kommt wohl auf mich an, hängt aber letztlich nicht nur von mir ab.

Pierre Stutz

Dieser Baustein kann kopiert und nach dem Gottesdienst den Mitfeiernden als Weggedanke für den Alltag mitgegeben werden.

Modell 3

Klagen können

Einstimmung und Gestaltungshinweise

"Wer, wenn ich schrie, hörte mich denn?" schrieb Rainer Maria Rilke in einem seiner Gedichte. Er benennt damit eine Erfahrung, die auch heute viele Menschen machen: im Leiden, in der Trauer, nach einer Scheidung, nach dem Verlust eines Arbeitsplatzes, in einer Depression, in der Verzweiflung zu verstummen. Golgota, die Erfahrung, dass fast niemand mehr da ist, wenn unsere Hoffnung gekreuzigt wird. Krankheit, Leiden, Trauer haben wenig Platz in einer Welt, wo Leistung und Erfolg den Sinn des Lebens ausmachen. Wir meinen oft, dass ein Engagement nur 'etwas bringt', wenn es zum Erfolg führt. Dabei bleiben all jene auf der Strecke, die unheilbar krank sind, die im Banne einer Sucht leben oder die mit Schicksalen konfrontiert sind, die ein Leben einengen und sinnlos zu machen scheinen.

Es geht mir nicht um die Verherrlichung des Leidens oder darum, dass wir uns abfinden sollten mit himmelschreienden Ungerechtigkeiten, die wir durch unseren Widerstand und unser Engagement beseitigen können. Ich meine die solidarische Grundhaltung im Dasein und im Mitfühlen trotz aller Ohnmacht. Auferstehung beginnt für mich nicht am Ostermorgen, sondern auf Golgota, wo Frauen vor ihrem Schmerz und dem unsagbaren Leiden nicht kapitulierten, sondern bis zur letzten Minute und über den Tod des geliebten Menschen hinaus seine einmalige Würde hochhielten. Wir brauchen eine neue Trauer- und Klagekultur. Räume, wo Menschen ihren Schmerz über den Verlust eines Menschen ausdrücken können oder schwierige Kindheitserfahrungen aufarbeiten und lernen, diese im Lichte der Versöhnung zu sehen. Räume, wo die Schwester der Trauer, die Wut, auch ihren Platz hat. Die biblischen Klage- und Fluchpsalmen erinnern uns an diese lebensfördernde Dimension, die auch im Gottesdienstfeiern einen neuen Stellenwert erhalten kann.

Klagen hat für mich sehr viel mit Veränderung zu tun. Ich unterscheide Klagen vom Jammern. Wir können ein Leben lang jammern und uns in Selbstmitleid baden, und dabei drücken wir uns um die Entscheidung, das Leben zu wählen. Im Klagen steckt ein Veränderungspotential. Da drücke ich aus, was mich schmerzt, was mich aufwühlt, was mir die Lebenskraft nimmt. Dies ist der erste Schritt zur Hoffnung, zum Neuaufbruch.

In unseren Kirchen und Gemeindezentren brauchen wir eine Ermutigung, das ganze Jahr hindurch klagen zu dürfen. Im folgenden Modell steht Hagar im Zentrum (Genesis 21, 9-21). Diese Geschichte ermutigt uns, dem Trauern und Klagen Ausdruck zu geben, weil dadurch Gott uns die Augen öffnet und wir mitten in der Ohnmacht, der Trockenheit, einen Brunnen entdecken können. Mit einigen Backsteinen schichten wir in der Kirche eine Klagemauer und einen Brunnen auf. Die Motive der Klagemauer und des Brunnens können uns über eine längere Zeit, zum Beispiel während der Fastenzeit, begleiten. Während der Feier und danach können alle Teilnehmenden Worte auf die Backsteine schreiben oder kleine Zettel zwischen die Steine legen, die Ausdruck des Schmerzes und der Trauer sind. Beim Brunnen werden Kerzen entzündet, die von Erfahrungen erzählen, wo Trauer getröstet wurde, wo Heilung möglich geworden ist. Beides gehört zu unserem Leben, Klage- und Befreiungsgeschichten. Darum ist es notwendig, einmal pro Monat einen Klagegottesdienst zu feiern.

1. Zur Einstimmung

Trommelmusik oder griechische Klagelieder

Liebe Mitmenschen

Ich begrüsse Sie herzlich zu unserer Klagefeier. Zur Einstimmung hören wir einen Abschnitt aus dem Buche Genesis, wo uns eine Frau mit ihrem schreienden Kind begegnen wird. Hagar, die verstossene Magd von Sara und Abraham, wird in die Wüste geschickt. Ihre Person steht für all unsere Erfahrungen, wo uns Schweres widerfährt, das wir miteinander teilen und verarbeiten möchten:

"Am Morgen stand Abraham auf, nahm Brot und einen Schlauch mit Wasser, übergab beides Hagar, legte es auf ihre Schulter, übergab ihr das Kind und entliess sie. Sie zog fort und irrte in der Wüste von Beerscheba umher. Als das Wasser im Schlauch zu Ende war, warf sie das Kind unter einen Strauch, ging weg und setzte sich in der Nähe hin, etwa einen Bogenschuss weit entfernt, denn sie sagte: Ich kann nicht mit ansehen, wie das Kind stirbt. Sie sass in der Nähe und weinte laut. Gott hörte den Knaben schreien; da rief der Engel Gottes vom Himmel her Hagar zu und sprach: Was hast du Hagar? Fürchte dich nicht, Gott hat den Knaben dort schreien gehört, wo er liegt. Steh auf, nimm den Knaben und halt ihn fest in deiner Hand; denn zu einem grossen Volk will ich ihn machen. Gott öffnete ihr die Augen, und sie erblickte einen Brunnen. Sie ging hin, füllte den Schlauch mit Wasser und gab dem Knaben zu trinken."

Genesis 21,14-19

Einheitsübersetzung der Heiligen Schrift 1980. © 1995 Katholische Bibelanstalt, Stuttgart

Stille/Musik

2. Zur Besinnung

Mitglieder der Liturgiegruppe stehen in der Nähe der Klagemauer und fügen Back-steine mit den folgenden Gedanken hinzu. Nach jedem Gedanken ist eine Zeit der Stille, die mit einem Kyrieruf vertieft wird:

Wie Hagar fühle ich mich manchmal leer und verlassen. Dieser Backstein steht für meine Klage für all die Menschen, die einen Partner, ein Kind, eine Freundin, einen Freund durch den Tod verloren haben. - *Stille/Kyrie* -

Diesen Backstein füge ich in unsere Klagemauer ein, um meine Solidarität mit all den Menschen, die ihren Arbeitsplatz verloren haben, zu bezeugen. Im Klagen über den Konkurrenzkampf und die Härte, die in der Wirtschaft herrscht, erhoffe ich mehr solidarisches Zusammenstehen. - *Stille/Kyrie* -

Auch in uns ist manchmal ein schreiendes Kind, das Zuwendung sucht. Als klagen-de Menschen wollen wir unsere schmerzlichen Kindheitserfahrungen ausdrücken und sie nicht mehr länger in uns verborgen halten. - *Stille/Kyrie* -

Dieser Backstein steht für alle Opfer der Gewalt, der sinnlosen Kriege und der wachsenden Fremdenfeindlichkeit. - *Stille/Kyrie* -

Manchmal bleibt nur noch Wut über all die Lieblosigkeiten, die Menschen einander zufügen können. Ich will diesen Stein nicht gegen jemanden werfen, sondern ihn zu den andern legen, mit der Hoffnung auf Befreiung. - *Stille/Kyrie* -

Wie Hagar ertragen wir es oft nicht mehr, all dem Schmerz und all den Ungerech-tigkeiten um uns herum in die Augen zu schauen. Mit diesem Backstein soll unse-re Ohnmacht sichtbar werden. -*Stille/Kyrie* -

Bitte um Befreiung

Du
zärtlichtröstender Gott
nimm uns auf
in unserem Klagen und
in unserer Wut.
Hilf uns,
uns anzunehmen mit all den
widersprüchlichen Gefühlen in uns,
damit wir sie dir anvertrauen können
und du unser Klagen verwandeln kannst.
Erfülle uns mit Wohlwollen,
damit wir uns die Zeit der Trauer und
der Klage zugestehen, die wir brauchen,
um dadurch reifen zu können und deinen
versöhnenden Geist zu erfahren. Amen.

3. Geschichten

Der Kastanienbaum

Ein Pfarrer, der seiner Gemeinde die christliche Hoffnung veranschaulichen wollte, machte einen Kastanienbaum, der vor der Kirche in voller Blüte stand, zum Gleichnis. "Schien es nicht", rief er aus, "als Sie zur Christmette kamen, als wäre er tot, als würde er nie mehr zum Leben erwachen? Und dann brachen die Knospen auf, und er blüht und ist herrlich wie ein Baum des Paradieses."
Nach dem Gottesdienst erwartete ihn ein Mann an der Tür.
"Sie haben ganz gegen Ihre Absicht bewiesen, dass es kein Fortleben gibt", sagte der Mann, "der Baum wird im Herbst die Blätter verlieren und wieder kahl werden. Gewiss, er wird noch etliche Male blühen, aber schliesslich bleibt er doch kahl und ist eingegangen. Immer ist der Herbst das letzte, das Welken, die Fäulnis, der Tod."

"Sie haben augenscheinlich recht", antwortete nachdenklich der Pfarrer, "aber vergessen Sie eines nicht: die Kastanien unter dem Laub."

Aus: Katharina Seidel, Moderne Gleichnisse. Für Unterricht, Predigt und Gruppenarbeit, rex verlag luzern stuttgart 1994, S. 34, mit vielen weiteren empfehlenswerten Gleichnissen.

Diese Geschichte kann durch Kastanien veranschaulicht werden. Kastanien in ihrer stachligen Hülse, die für unser Klagen und unsere Wut stehen kann, doch darunter steckt der kostbare Kern, der in jedem von uns ist.

Weitere Geschichten, gesammelt von W. Hoffsümmer:
255 Kurzgeschichten, Nr. 37: Gandhis Mut zur Umkehr; Nr. 166: Wie entstehen Kriege.
Kurzgeschichten 2, Nr. 191: Auch Niederlagen gehören zum Leben.
Kurzgeschichten 3, Nr. 24: Keine Zeit für die Kinder; Nr. 29: Solidarisches Mittragen.
Kurzgeschichten 4, Nr. 26: Wieviel ist ein Mensch wert?

4. Biblische Motive

Genesis 21: Gott öffnete der weinenden Hagar die Augen und sie sah einen Brunnen.
Nach der Lesung entzünden alle eine Kerze am Brunnen, der mit Backsteinen aufgeschichtet worden ist oder am Taufbrunnen. Am Ende des Gottesdienstes ziehen alle hinaus zu einem Brunnen im Dorf oder im Wohnviertel. Beim Entzünden drücken wir aus, wo durch unser Klagen und Trauern neue Hoffnung entstanden ist:

Die Kerze brennt aus Dankbarkeit, dass meine Nachbarn mich ermutigen, zu trauern.
Die Kerze entzünde ich für alle, die dem Leiden nicht ausweichen und die im stummen Dasein anderen ein Hoffnungslicht sind.
Die Kerze brennt als Hoffnung, dass wir auch in der kommenden Zeit unsere Klage aufschreiben und zur Klagemauer bringen.
Dieses Licht ist in mir entzündet worden, als ich endlich meine Wut ausdrücken konnte und die anderen mich trotzdem angenommen haben.

Ijob 10,1: "Ich lasse meiner Klage freien Lauf, reden will ich in meiner Seele Bitternis."
Auch unser Leben bewegt sich zwischen Auflehnung und Hingabe.

Baruch 2,11-19: "...die Menschen, die in grosser Bedrängnis leben, gebeugt und kraftlos einhergehen und deren Augen schwach sind, die Menschen, die hungern, sie preisen deine Ehre und Gerechtigkeit..."(Vers 18)
Klagende Menschen sind Menschen, die auf Gott hoffen.

Klagepsalmen lesen und aktualisieren. In einer Gruppe zum Beispiel Psalm 13, 38, 41 oder 88 mehrmals laut lesen. Danach die Teilnehmenden einladen, den Vers, der mich im Moment am meisten bewegt, herausfordert oder aufwühlt, laut auszu-sprechen. Dazu stehen alle auf, laufen frei im Raum herum und sprechen den Psalmvers in verschiedenen Tonlagen laut/leise aus. Mit der Zeit kann sich durch das Hören der andern mein Vers verändern.
Nach einiger Zeit bleiben alle still stehen, schliessen die Augen und spüren nach. Dann schreiben sie ihren Psalmvers auf ein Blatt Papier, einen Backstein.
Bei der Besinnung werden diese Verse vorgelesen.

Weitere aktualisierte Klagepsalmen: P. Stutz, Dem Morgen entgegen. Unaufhaltsame Gebete in Stun-den der Nacht. a.a.O.

Psalm 30,12: "Du hast mein Klagen in Tanz verwandelt..."
Einfache Tänze miteinander einüben.
Psalm 56,9: "Mein Elend ist aufgezeichnet bei dir. Sammle meine Tränen in einem Krug. Zeichne sie auf in deinem Buch."
Als Zeichen unserer Tränen einen Krug zum Taufstein stellen. Ein Klagebuch auf-schlagen, worin wir unsere Klagen aufschreiben können. Im Gottesdienst werden sie stellvertretend vorgelesen.

Markus 10,46-52: In den Versen der Heilung des blinden Bartimäus wichtige Schrit-te zum Klagen entdecken:
Um Zuwendung und Hilfe schreien: ausdrücken, was nicht gut ist, Vers 47.
Mit Widerstand und Ärger der anderen rechnen, Vers 48a.
Nicht aufgeben und noch lauter schreien, Vers 48b.

Sich ermutigen lassen von andern, Unterstützung annehmen können, Vers 49.

Bereit sein, mein Altes loszulassen, vertrauen in die Veränderung, Vers 50.

Fähig werden zu sagen, was ich brauche, um menschenwürdiger zu leben, Vers 51.

Vertrauen in den eigenen Prozess haben, in dem sich Christus mir heilend zuwendet, Vers 52.

Johannes 11,33-35: "Als Jesus sah, wie sie weinte und wie auch die Juden weinten, die mit ihr gekommen waren, war er im Innersten erregt und erschüttert. Er sagte: Wo habt ihr ihn bestattet? Sie antworteten ihm: Herr, komm und sieh! Da weinte Jesus. Die Juden sagten: Seht, wie lieb er ihn hatte."

Auch Jesus war nicht nur traurig, sondern erregt und erschüttert. Er zeigt uns dadurch Wege der Klage und der Trauer.

Weitere Beispiele finden sich in der ausgezeichneten Ausgabe 3/94 von "Bibel heute": Lebenskrisen im Spiegel alttestamentlicher Gestalten. Erhältlich beim Katholischen Bibelwerk, Silberburgstr. 121, D-70176 Stuttgart oder SKB, Bederstr. 76, CH-8002 Zürich.

5. Tanz: Das Licht scheint in der Finsternis

Text: Joh. 1,5
Melodie: Walter Ritter
Rechte: beim Komponisten (Walter Ritter)

Licht ist stärker als die Dunkelheit. Diese Wahrheit kann im Gestalten des Liedes erfahrbar werden.

Zuerst eine Kerze, zum Schluss ein Raum voll Licht. Zuerst einzelne Stimmen, zum Schluss ein machtvoller Gesang. Zuerst ein bescheidenes Kreislein, zum Schluss pulsierendes Leben in mehreren konzentrischen Kreisen.

Bei diesem Lichttanz können nach und nach alle mittun, das heisst, für die innersten zwei Kreise braucht es "Eingeweihte": Tänzerinnen und Tänzer, welche die Melodie und die Gebärden vorher eingeübt haben.

Einstimmung und Aufstellung

Im dunklen Raum (Kirche) leuchtet in der Mitte die Osterkerze. Ein Instrument - zum Beispiel eine Flöte - spielt die Melodie ein paarmal. Nach einer Weile holen drei TänzerInnen mit ihren Kerzen Licht von der Osterkerze und bilden einen kleinen Kreis um die Mitte. Sie halten die brennende Kerze in der linken Hand, die rechte beschützt das Licht.

Ablauf

Das Licht scheint in der Finsternis,
und die Finsternis (Pause) hat es:
Singend und mit sechs langsamen Schritten
- pro Takt zwei Schritte - nach rechts gehen.
Auf "Licht" mit dem rechten Fuss beginnen.
Der sechste Schritt wird dem linken Fuss
beigestellt.

nicht:
Auf das Wort "nicht" die schützende
rechte Hand mit einer grossen,
schönen Gebärde vom Licht
wegziehen, bis sie auf der rechten
Körperhälfte unten anliegt.

hat es nicht:
Auf das zweite "nicht"
drehen sich alle zur Mitte.

hat es nicht überwältigt!
Stehen bleiben und die
Kerzen miteinander zur
Mitte in die Höhe führen.

Zweiter Durchgang

Die drei TänzerInnen
wenden sich nach aussen.

Sechs bis sieben weitere Personen holen sich mit ihren Kerzen Licht beim Dreier-
kreis in der Mitte. Sie bilden einen äusseren konzentrischen Kreis, der sich gegen-
gleich zu vorher nach links bewegt. Die Kerzen sind in der rechten Hand, die linke
beschützt. Sonst singen und bewegen sich die beiden Kreise synchron.

Dritter Durchgang

Alle vom zweiten Kreis wenden sich nach aussen. Der innerste Kreis behält die Ker-
zen oben, bis sich ca. zwölf weitere TänzerInnen ihr Licht beim zweiten Kreis geholt
haben. Der dritte, äusserste Kreis bewegt sich wieder nach rechts.
Vom dritten Kreis an läuft alles wie von selbst, wobei es gut ist, wenn jemand die
Leute einlädt und darauf achtet, dass sie im Kreis gut verteilt sind.
Ein vierter und fünfter Kreis können sich bilden. Wenn der äusserste nicht mehr
ganz voll wird, bewegt er sich als Halbkreis - Schale - um die andern. Ein paar
Durchgänge mit allen tanzen. Zum Schluss mit erhobenen, brennenden Kerzen einige Zeit verweilen und dann die Kerzen für den weiteren Verlauf der Feier eventu-
ell in eine Sandschale stecken.

Bewegungsvorschlag: Marlis Ott
Zeichnungen: Max Bosshart

6. Gedichte

Aus der Reihe tanzen

Unter der glitzernden Fassade
von Üppigkeit und Überfluss
lauert das Unwesentliche
die Vereinsamung in den Wohnsilos
Die zerstörte Mitwelt
stinkt zum Himmel
In diesem Roulettespiel
setzt die Menschheit auf den Tod
Ein Engel im Morgengrauen
berührte sanft ihre Stirn
seither tanzt sie aus der Reihe

Regina Osterwalder

Aus: Unerwartet nah. Adventskalender der Jungen Gemeinde Zürich 1992, S. 42.

Wieder einmal

Wieder einmal
liegst du nachts wach
dieser Graben zwischen
Ausbeutern und Ausgebeuteten
Mächtigen und Ohnmächtigen
Mittellosen und Wohlhabenden
dieser Riss durch die Welt
lässt dich nicht einschlafen.

Verwundbar am anderen Morgen
stehst du auf
und du weisst

dieser Gedanke allein genügt nicht
die Unruhe der gestrigen Nacht
diktiert dir das Lied
von den neuen Möglichkeiten
für die Zögernden in deinem Land.

Regina Osterwalder

Aus: Das Weite suchen. Adventskalender der Jungen Gemeinde Zürich 1993, S. 50.

7. Segensbitte

Klagende sind wir
erdrückt von der Ohnmacht
über soviel Leid und Ungerechtigkeit.
Sei du in unserem Schreien.

Verletzte sind wir
alleingelassen in unserer Trauer und Wut.
Sei du uns tröstend nah.

Empört sind wir
mundtot gemacht in unserem Hunger nach Frieden.
Sei du in unserem langen Atem der Hoffnung.

8. Auf den Weg

Spirituelle Alltagsübungen

Im Zimmer, an einer Pinwand Meldungen aufhängen, mit denen ich mich nicht abfinden will. Unterschriften sammeln. Konstruktive Kritik einbringen.
Eine Spiritualität der Konfliktfähigkeit entwickeln, wie Jesus sie gelebt hat: benennen, was himmelschreiend ist und trotzdem den Glauben an das Gute im Menschen nicht verlieren.

Wahrnehmen, was ich verändern möchte, wenn ich ein ungutes Gefühl habe. Lernen zu spüren, was ich brauche, damit es mir und den anderen im Zusammenleben wohl sein kann.

Standortbestimmung: Wie geht es mir mit meinem Klagen. Welcher der Schritte nach Markus 10, 46-52 (siehe Punkt 4) ist jetzt für mich an der Reihe: schreien - mit Widerstand rechnen - noch lauter klagen - Hilfe annehmen - Altes loslassen - was brauche ich wirklich - vertrauen in den heilenden Prozess.
Mit andern im Gespräch nachspüren, welcher Schritt nun für mich wichtig wird.

Pierre Stutz

Dieser Baustein kann kopiert und nach dem Gottesdienst den Mitfeiernden als Weggedanke für den Alltag mitgegeben werden.

Modell 4

Mich treffen lassen

Einstimmung und Gestaltungshinweise

Unsere Welt braucht mehr Menschen, die zuhören können, die sich betreffen lassen von traurigen und vor allem von guten Nachrichten. Die biblische Hoffnungsbotschaft lebt aus dieser Spannung. Die Propheten und Prophetinnen der Bibel prangern das an, was ungerecht ist und leben zugleich von neuen Hoffnungsvisionen. Auch Jesus lebte in der unerschütterlichen Hoffnung, dass den Ausgegrenzten und Kranken Heilung geschenkt wird. Was heisst diese Hoffnung Jesu für uns? Zur Einstimmung in den Gottesdienst bringen möglichst viele zwei Zeitungsartikel mit, die sie nachdenklich oder hoffnungsvoll stimmen. Diese können auch ganz alltägliche Meldungen zum Inhalt haben. Auch Kindern und Jugendlichen kann im Religionsunterricht diese Aufgabe gestellt werden.
Gute, bestärkende Alltagserfahrungen werden aufgeschrieben und zu den Schlagzeilen der Tageszeitungen geklebt. Auch biblische Hoffnungstexte werden eingefügt. An der Kirchentüre, im Schaukasten oder an Anschlagbrettern im Pfarreizentrum werden diese Collagen aufgehängt und von Zeit zu Zeit aktualisiert. Auch die Jahresberichte der in der Gemeinde engagierten Gruppen erzählen von hoffnungserweckenden Ansätzen.

1. Zur Begrüssung

Verschiedene Personen haben sich mit Zeitungen in den Händen an verschiedenen Orten in der Kirche verteilt. Sie lesen schlechte und gute Nachrichten vor. Danach sind alle zu einer längeren Zeit der Stille eingeladen, um nachzudenken, was sie in der letzten Zeit betroffen gemacht hat: positiv wie negativ.

2. Stille, die durch Orgelmusik beendet wird

3. Bibel teilen

Die Lesung oder das Evangelium vom heutigen Tag wird für alle fotokopiert. In einem Gottesdienst mit vielen Besucherinnen und Besuchern sind alle nach dem Lesen des Textes eingeladen, still den Text nochmals durchzugehen und sich einen Satz zu merken, der sie im Moment stark betrifft. Stellvertretend für alle, lesen Mitglieder des Pfarreirates oder der Liturgiegruppe am Mikrofon jenen Satz vor, der sie am meisten anspricht.

In kleineren Gruppen kann wie folgt vorgegangen werden:
Bibeltext lesen und danach allen austeilen.
Welche Worte, welcher Satz spricht mich an? Welcher Satz wühlt mich auf, macht mir Mühe? Jede und jeder liest den andern seinen Satz vor - es kann auch mehrmals derselbe Gedanke vorgelesen werden.
Bibeltext nochmals vorlesen.
Ich überlege mir, warum mich dieser Satz heute besonders betrifft und versuche, einen Bezug zu meinem Leben herzustellen. Freier Austausch.
Wir hören den Text noch einmal.
Jene, die möchten, formulieren eine einfache Bitte, einen Wunsch - ausgehend vom Bibelwort und mit Bezug zum eigenen Leben.

Der Lesung oder dem Evangelium kann durch ein Lied, das vor und nach dem Lesen gesungen wird, eine besonders festliche Bedeutung gegeben werden. Ein Hallelujaruf eignet sich meistens, doch nicht bei allen Texten.

Beim Feiern von Gruppengottesdiensten ist darauf zu achten, dass auch der biblische Text in die Mitte gestellt wird. Ich lege ihn mit der aufgeschlagenen Stelle in die Mitte, zum Lesen wird die Bibel aufgehoben und danach wieder in die Mitte zurückgelegt. Jene, die lesen, sind auf so unscheinbare Gesten vorzubereiten. Sonst verschwinden die Bibeln nach dem Vorlesen meist unter einem Stuhl oder in einer Ecke.

4. Geschichten

Brot zum Leben

In einem Land herrschte eine fürchterliche Christenverfolgung. Es war lebensgefährlich, eine Bibel zu besitzen. Wenn die Geheimpolizei kam und die Heilige Schrift fand, war mit Verhaftung zu rechnen. Die Familie eines Küsters konnte sich nicht von dem Buch lösen. Es war für sie das tägliche Brot, ohne das man nicht leben kann. Eines Tages aber kamen Fahnder. Die Mutter hatte es geahnt, als sie durchs Fenster schaute und zwei fremde Herren ankommen sah.

Sie war gerade dabei ein Brot zu backen. Der Teig lag ausgerollt auf dem Tisch. In Windeseile nahm sie die Bibel, rollte sie in den Teig ein und schob das Ganze in den Ofen. Mit peinlicher Genauigkeit durchsuchte die Polizei das Haus, fand die Heilige Schrift aber nicht. Als am nächsten Tag das Brot auf den Tisch kam und die Bibel in der Mitte heil und unversehrt zum Vorschein kam, hatte jeder begriffen: die Bibel ist Brot zum Leben. Wie das tägliche Brot den Menschen nährt, so ist auch Gottes Wort, täglich gelesen, Kraft für ein Leben mit Gott.

Heute hat diese Bibel einen Ehrenplatz im Hause des Küsters, und jedem Besucher wird die Geschichte vom rettenden Brotbacken erzählt.

Heinrich Bücker. KNA Bonn, aus: W. Hoffsümmer, Kurzgeschichten 4, Nr. 76.
Siehe auch "Bibelbrote" in: Pierre Stutz, Taufgottesdienste. Den Weg zur Quelle finden, rex verlag luzern stuttgart 1994, S. 97-98.
Weitere Geschichten, gesammelt von W. Hoffsümmer:
Kurzgeschichten 4, Nr. 84: Unglaubwürdig: Die zurückgegebene Bibel; Nr. 231: Das Buch mit meiner Lebensgeschichte.

5. Tanz: Gottes Wort ist wie Licht in der Nacht

Got - tes   Wort ist wie Licht in der   Nacht;   es hat

Hoffnung und Zukunft ge - bracht;   es gibt Trost, es gibt Halt in Be-

drängnis, Not und Ängsten, ist wie ein Stern in der   Dunkelheit.

aus Israel

Die Melodie aus Israel führt in die Glaubensaussage der Worte, und die Bewegung verdeutlicht die Geborgenheit, welche in dieser 'Kurzformel des Glaubens' liegt. Dieses Lied eignet sich nicht nur für den Advent und für Weihnachten, sondern ebenso für die Osterzeit, ja sogar als Tanz vor jedem Bibeltext.

Aufstellung

Alle stehen im Kreis eng beieinander, die Vorderseite zur Mitte, die Hände sind nicht durchgefasst.

Ablauf

Gottes Wort ist wie Licht in der Nacht:
Linken Arm im weiten Bogen
- wie einen Sonnenaufgang -
nach links führen, vor die
Mitte der Nachbarin oder des
Nachbarn zur Linken.

es hat Hoffnung und Zukunft gebracht:
Rechten Arm ebenso wie vorher im
weiten Bogen nach rechts führen.
Durchfassen mit den Händen der
beiden übernächsten TänzerInnen.
Das ergibt eine 'Korbfassung' =
aufgehoben, geborgen, wie in
einem Korb.

*es gibt Trost, es gibt Halt in
Bedrängnis, Not und Ängsten:*
So durchgefasst mit vier federnden
Hinkeschritten nach links tanzen -
rechter Fuss kreuzt über links,
linker Fuss zur Seite - 4mal.

ist wie ein Stern:
Korbfassung sanft lösen, beide Arme
zur Mitte strecken - Handrücken oben.
Das ergibt einen Stern.

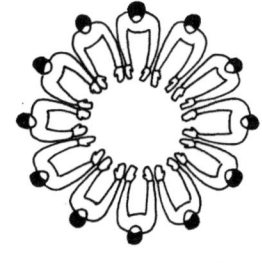

in der Dunkelheit:
Mit sanfter Gebärde die Hände drehen,
so, dass die Handflächen nach oben
schauen. So die Hände senken.

Das Lied kann
einstimmig, wenn möglich mit Klavier- oder Gitarrebegleitung getanzt werden
oder
im Kanon gesungen, in zwei konzentrischen Kreisen bewegt werden. Der innere
Kreis beginnt, der äussere setzt ein. Absprechen, wie oft jeder Kreis den Kanon singen und bewegen soll.

Bewegungsvorschlag: Marlis Ott
Zeichnungen: Max Bosshart

6. Gebet

Gott, du verbindende Mitte in unserem Leben,
wir haben auf dein Wort gehört,
weil wir jeden Tag ein gutes Wort der Bestärkung
und der Versöhnung brauchen.
Wir nehmen dein Wort und jedes gute Wort dankbar
auf in unser Leben, damit es uns verwandelt und

uns aufhorchen lässt auf all die guten Nachrichten,
die im Lärm so oft untergehen.
Öffne jeden Tag neu unsere Ohren und Herzen. Amen.

7. Gedicht

Stern
du stehst am Horizont
als leuchtende Verheissung
flüsterst du mir Vertrauen zu
und Ruhe
auf dass ich die Hände ausstrecke
und dir folge

doch in der Küche
steht das unabgewaschene Geschirr
und der unausgeweinte Liebeskummer
irgendwo ist Krieg
und die Agenda randvoll
Angst
dirigiert die Tage

Stern
manchmal ist mir
dein Horizont zu fern
dein Licht zu klar
um wahr zu sein

wie soll ich dir da folgen?

Alexandra Röllin

Aus: trotzdem. Adventskalender der Jungen Gemeinde Zürich 1994, S. 4.

8. Zum Mutterunser - Vaterunser

Christus, du vertraust uns dein Gebet an, weil auch du aus der biblischen Botschaft dein Leben, dein Ringen und Hoffen gestaltet hast. Mit dir beten wir um alles, was wir brauchen. Nicht nur um das tägliche Brot, sondern vor allem auch um das tägliche gute Wort, weil Gott uns immer neu wie Mutter und Vater begegnet, herausfordert und begleitet.

9. Segensbitte

Da, wo wir nicht mehr weiterwissen:
schenk uns dein Wort der Hoffnung.

Da, wo wir uns verloren und einsam fühlen:
bestärke uns mit deinem Wort des Urvertrauens.

Da, wo die Gerechtigkeit verloren geht:
wecke uns auf mit deinem Wort der Solidarität.

Da, wo wir tanzen und feiern:
berühre uns mit deinem Wort der Zärtlichkeit.

Da, wo wir staunen über deine Phantasie in der Schöpfung:
schenk uns dein Wort der Dankbarkeit.

Da, wo wir aufbrechen und deine neue Welt mitgestalten:
sprich uns das Gute zu. Segne uns hier und jetzt und
alle Tage unseres Lebens. Amen.

10. Auf den Weg

Spirituelle Alltagsübungen

Worte, Gedanken von KünstlerInnen, SchriftstellerInnen, die mir gut tun, an den Spiegel, an die Tür hängen, aufs Pult legen.

Ein biblisches Wort auf eine kleine Karte schreiben und mit mir tragen. Es meditieren, wenn ich warten muss. Es zu meinem Lebenswort werden lassen.

Mit andern zusammenkommen, um die Bibel zu lesen, auszutauschen, was mir gut tut und was mir Mühe macht.

Pierre Stutz

Dieser Baustein kann kopiert und nach dem Gottesdienst den Mitfeiernden als Weggedanke für den Alltag mitgegeben werden.

Modell 5

Unserer Sehnsucht Raum geben

Einstimmung und Gestaltungshinweise

"Gott hat alle Dinge der Welt so eingerichtet, dass eins auf das andere Rücksicht nehme...", schreibt die Mystikerin Hildegard von Bingen, um uns auf unsere Verwurzelung in der Schöpfung zu verweisen. Als bittende Menschen können wir dieser Verbundenheit Ausdruck verleihen. Bitten kann auch bedeuten, das zur Sprache bringen, was uns bewegt, ohne genau zu wissen, was damit geschieht. Bittende Menschen sind Menschen, die auch an andere Menschen, an Tiere, an die ganze Schöpfung denken, weil sie sich als Teil der Schöpfung fühlen. Bitten kann auch heissen, mit Gott zu ringen, mit ihm im Dialog zu stehen. Teresa von Avila umschreibt das Gebet als "Gespräch mit einem Freund, mit dem wir oft gern allein zusammenkommen, um mit ihm zu reden, weil wir sicher sind, dass er uns liebt." Dieses Urvertrauen kann uns dazu führen, in unseren Gottesdienstfeiern einfacheres und echteres Beten zu fördern. Wie ich in meinen anderen Gottesdienstmodellbüchern schon bemerkt habe, erschrecke ich manchmal, wieviel Zeit für das Formulieren der Fürbitten in einigen Vorbereitungsgruppen aufgewendet wird. Ich vermute dahinter einen Leistungsdruck, der vielen Menschen verunmöglicht, eine persönliche, nicht so perfekt formulierte Bitte auszusprechen. Dabei würde es nach dem Hören der Nachrichten oder dem Anschauen der Tagesschau genügen, beispielsweise für die Menschen in Ruanda zu bitten. Denn in diesem Beten kann unsere Ohnmacht verwandelt werden. Trotz Krieg, Hunger und Elend kann sich die Friedensbotschaft in uns ausbreiten. Dass aus dem Gebet auch konkrete Solidaritätsaktionen entstehen können, gehört zum Wesen dieser mystischen Spiritualität. Denn die Verwurzelung in Christus führt unweigerlich in die Mitte der Not der Menschen. Beten schenkt uns Kraft. In der Sehnsucht wird unsere betende Existenz immer neu erfahrbar. Ein Taschentuch dient als Symbol in dieser Feier. Es soll uns daran erinnern, dass unser ganzes Leben ein Gebet ist. Das Taschentuch, das wir bei uns tragen, kann unsere Sehnsucht ausdrücken, getröstet zu werden und andere zu trösten, um mitfühlende, 'sympathische' Menschen zu werden.

Beim Eingang oder vor dem Altar stellen wir ein Plakat mit dem Wort SEHNSUCHT auf.

1. Zur Begrüssung

Ich heisse Sie zu unserem Gottesdienst von Herzen willkommen. Unsere Sehnsucht führt uns zusammen. In all dem, was wir uns ersehnen, können wir Gott als tiefes Geheimnis unseres Lebens entdecken. Hinter all unserem Suchen verbirgt sich die Hoffnung, unserem Leben einen tieferen Sinn zu geben. All das bringe ich in Verbindung mit dem Gebet. Beten ist der Versuch unserer Welt, das Leben in einem grösseren Zusammenhang sehen zu lernen. Es ist die Einladung, alles aus der Perspektive Gottes zu betrachten. Für uns als Christinnen und Christen bedeutet beten auch, unserer tiefen Sehnsucht nach Menschwerdung nachzuspüren. In einem einfachen Tanz wollen wir dieser Sehnsucht mehr Raum geben.

2. Zur Besinnung

Ich lade Sie ein, darüber nachzudenken, wonach Sie sich in den letzten Tagen gesehnt haben. Dazu kann Ihnen Ihr Taschentuch eine Hilfe sein. Nehmen Sie es doch bitte aus Ihrer Tasche.

Erinnern Sie sich, wann Sie sich damit zuletzt den Schweiss von der Stirn gewischt haben, wann Sie sich damit die Nase geputzt haben? Oder welche Erlebnisse bringen Sie mit ihm in Verbindung? - *Stille* -

Wann haben Sie damit jemanden getröstet, oder wann haben Sie von jemandem ein Taschentuch erhalten, damit Sie sich die Tränen von den Augen wischen konnten, vielleicht auch, weil Sie vor lauter Lachen geweint haben? - *Stille* -

Welche Gefühle und Handlungen kommen Ihnen ins Gedächtnis, wenn Sie Ihr Taschentuch anschauen? Entdecken Sie etwas von Ihrer Sehnsucht nach Ganzheit, nach Heil, nach Geborgenheit? - *Stille* -

Wann haben Sie Ihr Taschentuch benutzt, um einen Sitzplatz zu putzen, um etwas wegzuwischen? - *Stille* -

Vielleicht gelingt es Ihnen, mit Ihrem Taschentuch in der Hand zu entdecken, mit wievielen Menschen Sie Ihr Taschentuch verbindet, ohne dass Ihnen das bisher bewusst war. All das, was Sie nun an Gedanken und Gefühlen vergegenwärtigt haben, kann etwas mit Ihrer Sehnsucht nach Liebe zu tun haben. Diese Sehnsucht bringe ich in Verbindung mit dem Beten. Denn da, wo wir uns nicht abfinden mit der Not dieser Welt, da, wo wir miteinander unsere Lebensfreude teilen, da, wo wir zueinander Sorge tragen, da können wir in alledem in Berührung kommen mit dem lebendigen Gott, der Sinn stiftet.

3. Gebet

Gott, du Quelle allen Lebens,
nun sind wir da mit unserem Taschentuch
in der Hand. Es ist gefüllt von ganz
verschiedenen Erfahrungen, glücklichen und
schmerzlichen, alltäglichen und ganz intensiven.
All das verbindet uns untereinander und mit dir.
Darum sind wir heute hier, weil wir auf dich

vertrauen und dich bitten, uns deine Zuwendung
erfahren zu lassen. Auch da, wo wir gespürt haben,
dass wir zu wenig einfühlsam waren. Sprich uns
Versöhnung zu, damit wir mit unserem Taschentuch
selber Zeichen der Versöhnung setzen können. Amen.

4. Geschichten

Das Buch

Der Meister behauptete, er habe ein Buch, das alles enthalte, was man überhaupt
von Gott wissen könne.
Keiner hatte je das Buch gesehen, bis ein zu Besuch weilender Gelehrter mit seinen Bitten nicht nachliess und es dem Meister abrang. Er nahm es mit nach Hause
und schlug es ungeduldig auf, um festzustellen, dass alle Seiten leer waren.
"Aber das Buch sagt ja gar nichts", jammerte der Gelehrte.
"Ich weiss", sagte der Meister befriedigt, "aber bedenkt, wieviel es andeutet!"

Aus: Anthony de Mello, Eine Minute Weisheit, (Herder) Freiburg, 7. Auflage 1994.
Weitere Geschichten, gesammelt von W. Hoffsümmer:
255 Kurzgeschichten, Nr. 3: Unermüdliche Hoffnung.
Kurzgeschichten 3, Nr. 85: Der Rechenfehler.
Kurzgeschichten 4, Nr. 93: Beten als Erholung.

5. Biblische Motive

Matthäus 5,43-48: Beten für die, die euch verfolgen.
Matthäus 7,7-11: Beten heisst bitten, suchen, anklopfen, ohne zu wissen, was wir
erhalten; finden, was sich auftut.
Johannes 5,17: Beten heisst darauf vertrauen, dass Gott, Christus, immer am Werk
ist.

Römer 8,18-30: Im Sehnen erfahren wir Hoffnung. "Hoffnung aber, die man schon erfüllt sieht, ist keine Hoffnung."
2 Korinther 5,1-10: Als Glaubende sind wir unterwegs, nicht als Schauende.

6. Gedichte und Texte

Mitgefühl - das Ziel aller spirituellen Wege

Was uns der mystische Weg des Erwachens im Tiefsten lehrt und wohin er uns führen will, ist Mitgefühl für uns selbst und für die Welt.
Mitgefühl fasst den Weg und das Ziel aller spirituellen Traditionen zusammen. Mitgefühl ist die Essenz aller Lehren Jesu und wohl aller grossen Geister der Weltgeschichte. Mitgefühl ist nicht als Barmherzigkeit zu sentimentalisieren und von seiner Verbindung mit dem Schaffen von Gerechtigkeit zu trennen. "Mitgefühl ist das Wirken aus unserer gegenseitigen Verbundenheit, es ist die Praxis der gegenseitigen Verbundenheit" (Hildegard von Bingen). Für Matthew Fox ist das Mitgefühl tatkräftige gegenseitige Hilfe, echte Anteilnahme in Freude und Leid. Es steht für eine geistige Haltung des Miteinanders und Füreinanders statt des bislang vorherrschenden Gegeneinanders von Menschen untereinander und gegen die Schöpfung.

Thomas Feldmann

Aus: Welttag des Friedens 1995, Friedensdorf CH-6073 Flüeli-Ranft, S. 11-12.

Ich hasse diese Gebete

Ich hasse diese Gebete,
Die vorgeben,
Keine Gebete zu sein.
Die Gott in Frage stellen
Und dann
Durch eine gewandte Wortwendung,

Durch ein schönes Bild
Alles zum Guten bringen,

Happy End,
Cheese
Amen.

Es erscheint mir unglaubwürdig,
Innerhalb weniger Zeilen
Vom ungläubigen Saulus
Zum unglaublichen Paulus zu werden.

Während ich
Von Pontius
Nach Pilatus renne,

Auf der Suche nach
Dir.

Martin Röse

Autor: Martin Röse, aus Bundesleitung der Katholischen Jungen Gemeinde (Hg.), AusZeiten!, Texte und Gebete, S. 124 (ISBN 3-929176-25-4), © 1993 KJG Verlagsgesellschaft mgH, Düsseldorf

beten

beten
      halt machen
      kraft schöpfen
beten
      sich nicht mit ungerechtigkeit abfinden
beten
      zu sich selber kommen
      zu den eigenen grenzen stehen

beten

> mitten im alltag
> im gerechten einkaufen
> und in ökologischer achtsamkeit

beten

> mit zivilcourage einstehen
> für ausgegrenzte und verfolgte

beten

> lebensfreude tanzen
> brot und wein teilen

beten

> sich von gott anstiften lassen
> zum frieden in gerechtigkeit

beten

> mit christus den ver-rückten
> traum vom mitfühlenden menschen träumen

beten

> durch freundin geist
> sich zur weisheit und grosszügigkeit
> bewegen lassen

beten

> heute und alle tage des lebens

Pierre Stutz

Nähe spüren

Noch einmal
einander das Herz ausschütten
der Ohnmacht widersprechen
die Leere aufdecken
die Sehnsucht wachhalten
dem Unscheinbaren trauen

das Kleine schützen
gemeinsam dem Dunklen widerstehen
fremdem Leid nicht ausweichen

Noch einmal
unserer Freundschaft trauen
eure Nähe spüren

Regina Osterwalder

Aus: Unerwartet nah. Adventskalender der Jungen Gemeinde Zürich 1992, S. 66.

Sonntagmorgengebet, geschrieben auf dem Höhepunkt der Judenverfolgung in Holland

Es sind schlimme Zeiten, mein Gott. Heute nacht geschah es zum erstenmal, dass ich mit brennenden Augen schlaflos im Dunkeln lag und viele Bilder menschlichen Leides an mir vorbeizogen. Ich verspreche dir etwas, Gott, nur eine Kleinigkeit: ich will meine Sorgen um die Zukunft nicht als beschwerende Gewichte an den jeweiligen Tag hängen, aber dazu braucht es eine gewisse Übung. Jeder Tag ist für sich selbst genug. Ich will dir helfen, Gott, dass du mich nicht verlässt, aber ich kann mich von vornherein für nichts verbürgen. Nur dies eine wird mir immer deutlicher: dass du uns nicht helfen kannst, sondern dass wir dir helfen müssen, und dadurch helfen wir uns letzten Endes selbst. Es ist das einzige, auf das es ankommt: ein Stück von dir in uns selbst zu retten, Gott. Und vielleicht können wir mithelfen, dich in den gequälten Herzen der anderen Menschen auferstehen zu lassen. Ja, mein Gott, an den Umständen scheinst auch du nicht viel ändern zu können, sie gehören mal zu diesem Leben. Ich fordere keine Rechenschaft von dir, du wirst uns später zur Rechenschaft ziehen. Und mit fast jedem Herzschlag wird mir klarer, dass du uns nicht helfen kannst, sondern dass wir dir helfen müssen und deinen Wohnsitz in unserem Inneren bis zum Letzten verteidigen müssen...Ich werde allmählich wieder ruhiger, mein Gott, durch dieses Gespräch mit dir. Ich werde in der nächsten Zukunft noch sehr viele Gespräche mit dir führen und dich auf diese Weise hindern, mich zu verlassen. Du wirst wohl karge Zeiten in mir erleben, mein Gott, in denen mein Glaube dich nicht so kräftig nährt, aber glaube mir, ich werde weiter für dich wirken und dir treu bleiben und dich nicht aus meinem Innern verjagen.

Etty Hillesum

Aus: Das denkende Herz der Baracke. Die Tagebücher von Etty Hillesum. Hrsg. und übersetzt von Verlag Herder, Freiburg, 1983.

7. Fürbittgebet

Am Anfang Ihrer Bankreihe finden Sie kleine Papiertaschentücher und Bleistifte. Ich lade Sie ein, Ihrer Sehnsucht Raum zu geben und eine Bitte, ein Anliegen, einen Wunsch aufzuschreiben. Vielleicht sind es Namen von Menschen, an die Sie jetzt besonders denken. Schreiben Sie diese auf. Oder Sie drücken mit wenigen Worten das aus, an was Sie sich während der Besinnung erinnert haben. Danach sammeln wir die Taschentücher ein und lesen stellvertretend einige Bitten und Wünsche vor.

8. Zum Gabengebet

Gott,
du zählst auf unser Mitgefühl.
In Brot und Wein hat all das Platz,
was unsere Sehnsucht beinhaltet.
So vertrauen wir dir unser Leben an und
all unsere Bitten, die uns mit vielen
Menschen und mit der ganzen Schöpfung verbinden.
Lass uns aus diesem glaubwürdigen Beten
neue Lebenskraft schöpfen, die uns Christus
ähnlich werden lässt.
Er führt uns zusammen, und um seine Gegenwart
bitten wir, jetzt und mitten in unserem Alltag. Amen.

9. Zur Präfation

Dankbarkeit
führt uns zusammen.
Dankbarkeit für all die Menschen, die mit ihrem Taschentuch
ihre Bereitschaft ausdrücken, mitfühlende Menschen zu werden.
Dankbarkeit für dein Wort, das uns zum Beten bestärkt.
Dankbarkeit für dein Mitgehen im Feiern und Teilen.
Dankbarkeit im gemeinsamen Lobgesang.

10. Zur Kommunion

Unserer Sehnsucht geben wir viel Raum, wenn wir Christus selber als Brot des Lebens in uns aufnehmen. Unsere Sehnsucht wird gestillt, wenn wir den Becher der Hoffnung teilen und dadurch Gottes Nähe erfahren. Unsere Sehnsucht lässt uns gestärkt aufbrechen, weil du auf unser Mittun angewiesen bist.

11. Auf den Weg

Spirituelle Alltagsübung

Mein Taschentuch erinnert mich, wie mein ganzes Leben zum Gebet wird: wenn ich alle meine Erfahrungen in Verbindung mit Gott als den tiefen Grund meines Lebens bringe. Um meine Betroffenheit beim Zeitungslesen und bei der Begegnung mit Menschen in Not nicht zu vergessen, mache ich einen Knoten in mein Taschentuch. So bleibe ich betend mit ihnen verbunden und suche nach solidarischen Schritten.

Pierre Stutz

Der letzte Baustein kann kopiert und nach dem Gottesdienst den Mitfeiernden als Weggedanke für den Alltag mitgegeben werden.

Modell 6

Meine Gaben - meine Aufgaben

Einstimmung und Gestaltungshinweise

Sich selber annehmen und sich selbst lieben gehört zur vordringlichen Aufgabe jeder Christin und jedes Christen. Umso mehr, als sich viele von uns den zweiten Teil des Liebesgebotes des Ersten Testamentes "Liebe deinen Nächsten wie dich selbst" zuwenig zu Herzen nehmen. Es fällt uns nicht leicht, uns selbst anzunehmen, uns selbst zu werden. Jesus ermutigt uns zum verheissungsvollen und schwierigen Prozess der Selbstwerdung. Nur wenn ich ein Stück weit mein Selbst gefunden habe, kann ich auch selbstlos werden. Nur wenn ich lerne, mich an meinen Gaben und Fähigkeiten zu freuen, kann ich sie auch für andere einsetzen. So entsteht aus meinen Gaben, aus meinen Stärken meine Aufgabe. Mich selber annehmen heisst auch lernen, mich nicht dauernd mit andern zu vergleichen, sondern das ins Zentrum zu stellen, was ich kann, und mich nicht lähmen zu lassen durch das, was mir nicht gelingt. Das schwerbelastete Wort Demut drückt diese Haltung aus. Der spanische Mystiker Francisco de Osuna hat schon im 16. Jahrhundert aufgezeigt, wie Demut ohne Selbstbewusstsein und Hochherzigkeit krank macht: "Manche verwechseln Demut mit Feigheit und Furcht, so dass sie sich nicht an grosse Dinge wagen. Andere schliesslich meinen, es sei demütig, über keine Begabungen zu verfügen oder die vorhandenen nicht zu nutzen, sondern zu verbergen... dabei musst du wissen, dass Demut und Hochherzigkeit zwei einander sehr liebende Schwestern und Gefährtinnen sind, so dass sich die eine nicht ohne die andere findet." Diese Kunst der Selbstliebe wollen wir in dieser Feier miteinander einüben.
Ein Pingpongball kann uns helfen, wahrzunehmen, was wir mit unseren Fähigkeiten einbringen können, um unsere Welt so zu gestalten, wie Gott sie

von Anfang an gemeint hat. Auf der einen Seite schreiben wir unsere Fähigkeiten auf und auf der anderen Seite, welche Aufgaben aus ihnen für uns erwachsen könnten. Im Chorraum der Kirche steht ein grosser Erdball als Sinnbild für das Schöpferische in uns und als Aufruf, die Erde mitzugestalten. Die kleinen Pingpongbälle erinnern uns als kleine Erdkugeln daran, dass es auch auf uns ankommt. Zur Eröffnung des Gottesdienstes steht das Vorbereitungsteam neben dem grossen Erdball, und jedes Mitglied des Teams hält einen Pingpongball in der Hand.

Je nach Anzahl der Teilnehmenden erhalten alle beim Eingang einen Pingpongball. Dies ist nach meiner Erfahrung sogar mit 200-300 Mitfeiernden an einem Kirchgemeindefest möglich.

1. Zur Begrüssung

Liebe Mitfeiernde

In uns allen schlummern so viele schöpferische Fähigkeiten, und all denen möchten wir heute nachspüren. Unsere persönlichen Begabungen können uns helfen, uns mehr anzunehmen und unsere Verbundenheit mit der ganzen Schöpfung zu stärken. Aus dieser bejahenden Selbstwerdung erwächst dann auch die Verantwortung, unsere Welt mitzugestalten und andere an ihr teilhaben zu lassen. Der kleine Pingpongball, den Sie beim Eingang erhalten haben, möchte uns daran erinnern, unsere Gaben zur Aufgabe werden zu lassen. In jeder eucharistischen Gottesdienstfeier bringen wir mit Brot und Wein unsere Gaben zum Altar. Zu Brot und Wein legen wir mit dem Pingpongball symbolisch auch unsere Welt mit auf den Altar. Das Lied, das wir gemeinsam singen, spricht von dieser Hoffnung:

2. Lied: Du kannst der erste Ton

1. Du kannst der er-ste Ton in ei nem Liede sein,
2. Du kannst der er-ste Funke, in ei-nem Feuer sein,

das al-le Gren-zen selbst-ver-ges-sen macht. Fürch-te dich nicht.
das al-le Waf-fen für die Pflü-ge schmilzt. Fürch-te dich nicht.

Fürch-te dich nicht, auch wenn der
Fürch-te dich nicht, auch wenn der

Ton ein Hauch ist Fürch-te dich nicht.
Ge - gen-wind peitscht. Fürch-te dich nicht.

3. Du kannst das erste Korn in einem Felde sein, das alle Hände
füllen wird mit Brot. ... auch wenn der Acker Steine trägt.

4. Du kannst der erste Tropfen für eine Quelle sein, die in der Wüste
Lebenslieder singt. ... auch wenn die Wolke noch schweigt.

5. Du kannst der erste Schritt zu einem Tanze sein, der alle Füsse
trägt vor unsern Gott. ... auch wenn dein Fuss noch strauchelt.

Rechte: Kontakte Musikverlag, Lippstadt.
Text: Ch. Peikert-Flaspöhler; Musik: Horn

3. Zur Besinnung

Als Einstimmung hören wir einen kurzen Abschnitt aus dem Lukas-Evangelium. Jesus stellt eine Frau ins Zentrum, die das gab, was sie hatte, auch wenn es wenig war:

Evangelium nach Lukas 21,1-4. - *Stille* -

Jede und jeder von uns besitzt unendlich viele Kostbarkeiten, persönliche Stärken, die wir dankbar annehmen wollen. Alle sind eingeladen, ihren Pingpongball in die Hand zu nehmen und mit den kleinen Bleistiften, die auf den Bänken liegen, auf die eine Seite aufzuschreiben, welche Fähigkeiten sie freuen und auf der anderen Seite, wo sie diese Gaben für sich und zum Wohl der anderen einsetzen wollen.
- Musik/Stille -

Stellvertretend lesen einige Mitfeiernde vor, welche schöpferischen Fähigkeiten sie zu welchen sinnstiftenden Aufgaben führten:

Ich kann gut zuhören und nehme mir darum auch gerne Zeit, für andere dazusein.

Ich kann sehr schön aus altem Material etwas Neues gestalten. Meine handwerklichen Fähigkeiten setze ich gerne zur Freude anderer ein.

Ich kann mich wehren. Wenn mir oder andern Unrecht geschieht, scheue ich mich nicht, Leserbriefe zu schreiben oder in einer Versammlung aufzustehen und meine Meinung zu sagen.

Ich bin dankbar für meine Gelassenheit. In hektischen Momenten bin ich der ruhende Pol, der auch anderen ermöglicht, sich nach einer Aufregung zu beruhigen.

Meine sportlichen Fähigkeiten ermöglichen mir und anderen eine sinnvolle Freizeitgestaltung.

Auch in schwierigen Situationen kann ich Ideen entwickeln, die zu Projekten für ausgegrenzte und benachteiligte Menschen führen.

Mir ist es wichtig, eine angenehme Atmosphäre zu schaffen. Ich kann anderen durch meine Gastfreundschaft zeigen, wie willkommen sie sind.

4. Gebet

Gott, du Schöpfer aller Kreativität, wir sind heute beisammen, um uns zu erinnern, wie jede und jeder vielfältig begabt ist. Zeige uns durch diese Feier und durch deinen lebensbejahenden Geist, wie wir unsere Gaben entfalten können. Lehre uns, uns selber anzunehmen. Schenke uns dein versöhnendes Entgegenkommen, da, wo wir uns aus falscher Bescheidenheit zu sehr zurückgenommen haben. Ermutige uns durch Jesus, unseren Bruder, Menschen zu werden, die sich freuen können an den eigenen Stärken, um so mitzuwirken an einer Gemeinschaft, die auf jede und jeden zählt. Amen.

5. Geschichten

In sich selber die Wahrheit entdecken

Drei weise Männer trafen sich, um miteinander zu überlegen, was sie den Menschen auf ihrem schwierigen Weg durch das Leben mitgeben könnten. Und sie beschlossen, ihnen die Wahrheit zu schenken, aber doch so, dass sie diese selbst erwerben sollten.
"Wir wollen sie verstecken", sagten sie, "damit sie lange danach suchen müssen. Das wird ihnen zeigen, wie wichtig die Wahrheit für das Leben ist." Aber wo sollten sie die Wahrheit verstecken?
Der erste schlug vor, einen Gletscher auf dem höchsten Berg der Welt dafür auszusuchen. Der zweite meinte: "Nein, das ist zu leicht. Lasst sie uns in einer Muschel

auf dem Grunde des Meeres verstecken, da wird sie lange liegenbleiben." Der Dritte aber sprach: "O nein, das ist viel zu einfach. Wir wollen die Wahrheit im Menschen verstecken: Dort wird sie keiner aufsuchen!"

Aus: Östliche Weisheit, in: W. Hoffsümmer, Kurzgeschichten 5, Nr. 132: Im Menschen versteckt.
Weitere Geschichten, gesammelt von W. Hoffsümmer:
Kurzgeschichten 4, Nr. 201: Hoffnung mitten im Elend.
Kurzgeschichten 5, Nr. 28: Die Seele braucht Nähe; Nr. 160: Ich bedaure dich.

Des Königs leere Kammer

Ein König war über die Massen reich und überaus freigebig. Es verging kein Tag, ohne dass er aus seinem grossen Vermögen allen, die es nötig hatten, reichlich ausgeteilt hätte. Und obwohl er viel gab, wurden seine Schatzkammern nicht leer. Jeden Morgen ging er in das unterirdische Gewölbe, in dem Schatzkammern lagen. Bevor er sie aber mit dem Schlüssel öffnete, ging er zu einer Kammer, die zuhinterst lag und deren Türe als einzige Tag und Nacht bewacht wurde. Sooft er die geheime Kammer öffnete, liess er die Wache wegtreten, so dass niemand auch nur einen Blick hineinwerfen konnte. Dann schloss er die Tür hinter sich zu und blieb eine Stunde darin. Wenn er wieder herauskam, schloss er sorgfältig ab und rief erst dann die Wache wieder herbei. So geschah es Tag für Tag und Jahr für Jahr. Alle wussten es und verwunderten sich darüber. Viele flüsterten, er treibe im Geheimen Zauberei. Einige munkelten, er stehe mit dem Teufel im Bund und vermehre mit dessen Hilfe seine Schätze. Auch seine Familie vermutete, dass er etwas Geheimnisvolles tue. Aber niemand wagte ihn zu fragen.

Als er alt geworden war, rief er eines Abends seinen ältesten Sohn zu sich und sagte zu ihm: "Ich bin nun alt geworden und werde bald einmal sterben, und du wirst nach mir König sein. Ich will dir nun das Geheimnis unseres Reichtums zeigen. Aber schwöre mir zuerst, dass du keinem Menschen etwas davon verraten wirst und es erst deinem Sohn wieder anvertrauen wirst, wenn du selber alt geworden bist!" Und der Sohn schwor es. Dann nahm ihn der König mit sich und führte ihn in die geheime Kammer. Als sie eingetreten waren, blickte sich der Sohn nach allen Seiten um und griff dann erschrocken nach dem Arm des Vaters. Die Kammer war ganz leer. Der König fragte ihn: "Wovor erschrickst du? Was siehst du?" Der Sohn antwortete: "Ich sehe nichts. Darum erschrecke ich." Der König sagte zu ihm: "Ich werde dich für diese Nacht hier einschliessen, und du sollst über die Kammer nachdenken." Der Sohn umklammerte entsetzt den Vater. Der aber umarmte ihn, löste sich von ihm und schloss ihn ein.

Als er am nächsten Morgen die Kammer öffnete und eintrat, sah er den Sohn am Boden liegen, den Mantel über den Kopf gezogen. Er hob ihn auf und fragte ihn: "Worüber hast du in dieser Nacht nachgedacht?" Der Sohn antwortete: "Ich konnte nichts denken, aber ich werde diese Kammer zumauern." Der König erwiderte nichts und führte ihn hinaus. Am Abend schloss er ihn wiederum ein und sagte zu ihm: "Denke in dieser Nacht über die Kammer nach!" Am andern Morgen fand er den Sohn bleich und trotzig an eine Mauer gelehnt sitzen und fragte ihn wiederum: "Worüber hast du in dieser Nacht nachgedacht?" Der Sohn antwortete: "Ich habe darüber nachgedacht, womit ich die Kammer füllen werden." Der König antwortete nichts und führte ihn hinaus.

Am dritten Abend schloss er ihn abermals ein und sagte zu ihm: "Denke auch in dieser Nacht darüber nach!" Als er am nächsten Morgen eintrat, stand der Sohn vom Boden auf und rieb sich die Augen. Der König fragte ihn: "Worüber hast du in dieser Nacht nachgedacht?" Der Sohn antwortete: "Ich weiss nicht, ich habe die ganze Nacht tief geschlafen." Da lächelte der König, umarmte ihn und sagte: "Dann hast du das Geheimnis der Kammer verstanden. Komm nun mit und hilf mir bei der täglichen Austeilung." Er schloss die Kammer sorgfältig zu und ging dann mit dem Sohn in die Schatzkammern und holte mit ihm heraus, was für den Tag nötig war.

Nach dem Tode des Königs übernahm der Sohn den Schlüssel zur leeren Kammer und machte täglich denselben Gang wie sein Vater. Bevor er die Gaben austeilte, ging er in die leere Kammer, schloss sich ein, blieb eine Stunde darin und ging erst dann in die Schatzkammer. Und die Gaben, die er von dort aus den Leuten austeilte, nahmen kein Ende.

Werner Reiser

"Des Königs leere Kammer", von Werner Reiser aus: "Der verhaftete Friedensengel und andere Legenden", Friedrich Reinhardt Verlag, Basel/Berlin, 1985.

6. Motive aus dem 1. Johannesbrief

Johannes 3,20: "Denn wenn das uns auch verurteilt - Gott ist grösser als unser Herz." - Gott lädt uns ein, jeden Tag neu auf das zu schauen, was uns einmalig werden lässt und nicht nur auf das, was uns missrät.

Johannes 4,7-13: Gottes Geist lebt und atmet in uns. Wenn wir uns selbst lieben und diese Liebe weiterschenken, dann ist Gott in uns.

Diese biblische Verheissung möchten wir mit unserem ganzen Körper ausdrücken:

Wir stellen uns bewusst mit beiden Füssen auf den Boden und achten auf unseren Atem, der kommt und geht. Ich darf sein, mich freuen an all meinen Fähigkeiten. All diese Gaben sind ein Geschenk. Darum verneige ich mich dreimal tief, und im Aufrichten strecke ich meine Hände und Arme ganz in die Höhe, auch als Ausdruck der Verbundenheit mit der ganzen Schöpfung.

7. Glaubensbekenntnis

ich glaube an gott
der die welt nicht fertig geschaffen hat
wie ein ding das immer so bleiben muss
der nicht nach ewigen gesetzen regiert
die unabänderlich gelten
nicht nach natürlichen ordnungen
von armen und reichen
sachverständigen und uniformierten
herrschern und ausgelieferten
ich glaube an gott
der den widerspruch des lebendigen will
und die veränderung aller zustände
durch unsere arbeit
durch unsere politik

ich glaube an jesus christus
der recht hatte als er
"ein einzelner der nichts machen kann"
genau wie wir
an der veränderung aller zustände arbeitete
und darüber zugrunde ging
an ihm messend erkenn' ich
wie unsere intelligenz verkrüppelt
unsere phantasie erstickt
unsere anstrengungen vertan sind
weil wir nicht leben
wie er lebte
jeden tag habe ich angst
dass er umsonst gestorben ist
weil er in unseren kirchen verscharrt ist
weil wir seine revolution verraten haben
in gehorsam und angst
vor den behörden
ich glaube an jesus christus
der aufersteht in unser leben
dass wir frei werden
von vorurteilen und anmassung
von angst und hass
und seine revolution weitertreiben
auf sein reich hin
ich glaube an den geist
der mit jesus in die welt gekommen ist
an die gemeinschaft der völker
und unsere verantwortung für das
was aus unserer erde wird
ein tal voll jammer und hunger und gewalt
oder die stadt gottes
ich glaube an den gerechten frieden
der herstellbar ist

an die möglichkeit eines sinnvollen lebens
für alle menschen
an die zukunft dieser welt gottes.
amen.

Carmen Brugger

Aus: Zeitsprünge. Informationszeitung der Kath. Jugend Steiermark, Mai 1994, XI.

8. Fürbitten

Wir legen die Pingpongbälle auf den Altar und drücken damit unsere Bereitschaft aus, unsere Anliegen Christus anzuvertrauen und uns zu verpflichten, unsere Welt mitzugestalten. Schweigend gehen wir nach vorne und legen dankbar unsere Gaben in die Körbe auf den Altar, damit sie zur Aufgabe für viele werden.

9. Zur Gabenbereitung

Christus, du traust uns jeden Tag zu, uns neu anzunehmen, so wie wir sind. Brot und Wein sprechen von der vertrauensstiftenden Wirklichkeit, dass aus vielen Körnern und Trauben Kraftvolles für alle entsteht. Jede und jeder von uns bringt sich auch mit ein, damit wir als Antwort auf deine Liebe verantwortungsvoll miteinander und mit der ganzen Schöpfung umgehen können. Lass uns in diesem Geben und Nehmen den hoffnungserweckenden Wandlungsprozess entdecken, der uns zu uns selber führt und dadurch zur Mitte der ganzen Schöpfung: zu dir. Sieh diese Gabe - mit all diesen Pingpongbällen - als Zeichen unserer Sehnsucht, unser Leben in Verbindung mit dir zu leben und zu gestalten, in der Kraft deines schöpferischen Geistes. Amen.

10. Weitere Texte

Heilig werden

Heiligkeit bedeutet: sich selbst finden und ausfalten. Wer nicht sich selber wird, hat nicht gelebt.

Thomas Merton

Prophet - Prophetin sein

Auch du
bist Prophet
ausgespannt
zwischen Himmel und Erde
in deinen Händen
liegt das Licht
und Wahrheit
und du erzählst
von Unrecht und Schmerz
und von kommendem Leben
das leise
unaufhaltsam
unter uns
Gestalt annimmt

Auch du
bist Prophetin
in dir
tanzt das Licht
und machtvoll
erklingt uns dein Lied

aus dir
singt der Traum
vom Sturz aller Täter
vom Aufstand aller Opfer
zur Freundschaft
und Lebenslust

Lisianne Enderli

Aus: Hoffnungsfunken. Adventskalender der Jungen Gemeinde Zürich 1991, S. 4 und 18.

11. Segensbitte

In der Annahme deiner Selbst
sei für dich erfahrbar
wie Gottes Geist in dir atmet.

In der Anerkennung deines ureigenen Prozesses
sei für dich spürbar
wie Christus dir Veränderung zuspricht.

In deiner Bereitschaft deine Gaben
wohlwollend andern weiterzuschenken
sei für dich erkennbar
wie der Schöpfer dich zur Entfaltung führt.

Dein Leben sei gesegnet
damit du segnend im Hier und Jetzt
Mensch werden kannst.

12. Auf den Weg

Spirituelle Alltagsübung

Jeden Tag nehme ich mir einen Moment Zeit, um zu überlegen, was mir heute gelungen ist, was ich bei mir an Veränderung anerkenne. Ich schreibe auf, welche guten Fähigkeiten mein Leben kostbar machen. Auch Fähigkeiten, die nicht an Leistung gebunden sind, sondern mir jenseits aller Leistung geschenkt sind.
Dieses Innehalten bringe ich in Verbindung mit der Zusage Gottes, die durch den Propheten Jesaja 43,1-7 jedem Menschen gilt: "Fürchte dich nicht... ich habe dich beim Namen gerufen, du gehörst mir... weil du in meinen Augen teuer und wertvoll bist und weil ich dich liebe."

Pierre Stutz

Dieser Baustein kann kopiert und nach dem Gottesdienst den Mitfeiernden als Weggedanke für den Alltag mitgegeben werden.

Modell 7

Staunen - danken - loben

Einstimmung und Gestaltungshinweise

Das Wesentliche im Leben ist ein Geschenk! Alles, was ich jeden Tag mit Selbstverständlichkeit tue und erhalte, ist nicht selbstverständlich. In unserer übersättigten Welt ist es wichtig, den Geschenkcharakter des Lebens neu zu erfahren. Er führt mich zum Staunen, zum Danken, zum Loben und zum Teilen mit all jenen Menschen, denen das Lebensnotwendige nicht geschenkt ist. In der Kirche oder im Pfarreizentrum (auch Wohnviertel oder Dorf) stehen grosse Geschenkpakete verteilt, die oben eine kleine Öffnung haben. Während der Feier erhalten alle mehrere Geschenkbons, die ausgefüllt werden können. Die Teilnehmenden sind eingeladen, diese Bons zu Hause auszufüllen, wenn sie danken möchten oder wenn ihnen erneut bewusst geworden ist, wie staunenswert unsere Welt ist. Diese Bons können dann in das grosse Geschenkpaket geworfen werden. Während der Feier - in einer Eucharistie während der Präfation - können wir vorlesen, was uns dankbar werden lässt. Jung und alt verteilen am Anfang des Gottesdienstes kleinere und grössere Geschenkbons mit originellen Aufschriften, zum Beispiel: "Heute schon gedankt?" - "Was mich soeben erstaunt hat!" - "Stop: Lobenswertes nicht vergessen!"

Um das Thema Loben zu entfalten, erhalten die GottesdienstbesucherInnen beim Eingang eine aus Papier ausgeschnittene Musiknote. Während der Besinnung sind alle aufgerufen, sich an das zu erinnern, was in ihrem Leben lobenswert ist. Daraus entsteht eine neue Lebensmelodie. An einem Fest kann aus den Noten eine wirkliche Melodie komponiert werden, indem auf einer Moltonwand, die nach der Feier im Essaal aufgestellt wird, die Noten angeheftet werden.

1. Zum Beginn

Das Wesentliche im Leben ist ein Geschenk! Liebe Mitmenschen, ich lade Sie ein, still zu werden, um die vergangenen Tage und Wochen zu überdenken: Für was/wen möchten Sie danken? Was lässt Sie staunende Menschen werden?
Es ist vielleicht für Sie ungewohnt, jetzt 3-4 Minuten still zu sein. Doch ich mute Ihnen dies zu, weil ich mit anderen schon erfahren habe, welche Kraft daraus entstehen kann. - *Stille* -

2. Vergebungsbitte

Gott, du Quelle allen Lebens, in der Stille ist uns bewusst geworden, wie reich eigentlich unser Leben ist und wie dankbar und grosszügig wir eigentlich sein könnten, wenn wir uns mehr bewusst wären, dass wir das Wesentliche im Leben nicht unserer Leistung, sondern dir zu verdanken haben. Überall da, wo wir vergessen haben, zu danken und über deine Güte zu staunen, die wir in der Schöpfung und durch andere Menschen erfahren, bitten wir dich um Verzeihung.

- *Kyrieruf singen* -

Dein Erbarmen suchen wir, deine versöhnende Kraft brauchen wir, lebendiger Gott. Bewege unsere Herzen, sprich uns frei von aller Gleichgültigkeit und Kleinherzigkeit, stifte uns an, dankbare Menschen zu werden, die sich freuen am Leben und die trotzdem an der Not nicht vorbeigehen, sondern sie lindern, durch Jesus Christus, unseren Bruder und Friedensstifter. Amen.

3. Mit Psalmen beten

Eine Fülle von Psalmen drücken die Dankbarkeit und das Lobpreisen aus. Zum Beispiel Psalm 8, 9, 16, 65, 66, 67, 104 oder 118.
Ein Psalm wird für alle kopiert und von einigen vorgelesen. Danach sind alle eingeladen, die Worte oder einen Satz zu wiederholen, die sie ansprechen. Auch diese

Gebetsform kann regelmässig geübt werden. Kinder und Jugendliche können den Psalm auf Karten abschreiben und mit Zeichnungen illustrieren.

4. Geschichten

Unerwartet

Zwei Jungen im Alter, in dem man gerne grübelt und auf viele Fragen wenige Antworten erhält, kamen auf die Freiheit des Menschen zu sprechen.

"Ich finde es zum Heulen", sagte der eine, "dass man scheinbar tun kann, was man will, und am Ende erwischt einen doch die Notwendigkeit."

"Ja", bestätigte der andere, "es ist zum Verzweifeln. Mir fällt dabei immer die Situation einer Maus ein, die sich einmal in unserem Keller verirrt hatte. Jemand liess die Katze in den Keller, und nun begann es: Die Katze sprang zu und verfehlte die Maus - aber nur zum Spiel. Sie wusste ja, die Beute war ihr sicher. Die Maus flitzte von Ecke zu Ecke im panischen Versuch, sich zu retten, aber da war ja kein Ausweg."

"Und dann? Was geschah? Sie wurde gefressen?"

"Nein, Vater öffnete die Tür."

Katharina Seidel

Aus dem empfehlenswerten Buch: K. Seidel, Moderne Gleichnisse. Für Unterricht, Predigt und Gruppenarbeit, rex verlag luzern stuttgart 1994, S. 34.
Weitere Geschichten, gesammelt von W. Hoffsümmer:
255 Kurzgeschichten, Nr. 70: Das grosse Geheimnis.
Kurzgeschichten 3, Nr. 243: Wer kommt in das Himmelreich?
Kurzgeschichten 4, Nr. 143: Waffenstillstand.

5. Evangelium: Begegnung mit biblischen Menschen

Matthäus 15,29-31: Auch heute kann es stummen, verunsicherten Menschen gelingen, plötzlich mit mehr Selbstvertrauen aufzutreten. Nehmen wir uns einen Moment Zeit, um uns zu erinnern, wann zu Hause, am Arbeitsplatz, in der Verwandtschaft, im Freundeskreis Menschen unerwartet anders reagiert haben. Viel mutiger als wir es erwarteten. Haben wir es ihnen gesagt?

Lukas 17,11-19: Der dankbare Samariter.
Nach dem Lesen des Evangeliums stehen Menschen, die in den Bänken verteilt sitzen, auf und erzählen, warum sie keine Zeit zum Danken haben:

Mehrmals habe ich mir vorgenommen, zurückzukehren und zu danken, doch wenn ihr wüsstet, was für einen Stress ich dauernd habe. Dabei vergesse ich oft das Wesentliche. Schade.

Am Anfang war ich ganz erstaunt. Danach habe ich mich schnell daran gewöhnt, gesund zu sein. Wenn all die Gesunden auch nicht jeden Tag für ihre Gesundheit danken, warum soll ich dann danken für das, was ja doch selbstverständlich ist?

Und Sie alle hier: Wann haben Sie das letzte Mal gedankt?

Johannes 5,1-18: Jesus fragt einen Gelähmten: Willst du gesund werden? Diese Frage stellt er auch uns heute: Will ich überhaupt die lähmende Resignation überwinden und wahrnehmen, wie und wo überall Menschen sich für das Gute einsetzen? Wage ich es, in meinem Leben - mag es noch so schwer sein - all das Gute immer wieder zu benennen, das auch ich erfahren habe?
Der Gelähmte hat keinen Menschen: Nehmen wir dankbar wahr, wo uns in ganz kleinen Gesten Menschen weitergeholfen haben. Und falls auch ich denke, dass ich niemanden habe, frage ich mich, ob ich Hilfe, Zuwendung und Entgegenkommen auch wirklich annehmen möchte und dies den anderen auch sage und mich dankbar zeige.

6. Geschenkbons und Dankesgesten

An der Kirchentür haben Sie verschiedene Geschenkbons erhalten. Wir laden Sie ein, diese Bons mit nach Hause, an Ihren Arbeitsplatz zu nehmen. Immer dann, wenn Sie danken möchten, wenn Sie ins Staunen kommen, wenn Sie jemanden loben, schreiben Sie es bitte auf und kommen Sie hier vorbei, auch mitten unter der Woche. Legen Sie diese Bons in das grosse Geschenkpaket, das uns an diese wichtige Dimension in unserem Leben erinnert. Verweilen sie ein wenig mit diesem Gefühl der Dankbarkeit in der Kirche, um es in Verbindung zu bringen mit Gott, dem Schöpfer alles Guten.

Jetzt sind alle eingeladen, mit Leib und Seele ihren Dank auszudrücken. Wer möchte, kann seinen Dank in folgenden Gesten gestalten:

- mit offenen Händen
- Hände kreuzen über der Brust und sich tief verneigen
- Arme hochhalten und langsam nach unten zu einer Gebetshaltung zusammenkommen lassen
- sich auf den Boden legen
- kniend in oder neben der Bank.

7. Lebens-Melodie

In all unserem
Suchen
Kämpfen
Fragen
verbindet uns
ein Traum:
Eines Tages wird es so sein
dass Diktatoren ihre Macht abtreten
dass Gekrümmte aufrecht gehen
dass alle nur die Wahrheit sprechen
dass niemand mehr verloren geht

dass Bäume wieder singen lernen
dass Fische für uns Freunde sind
dass sich Hände sanft berühren
dass alle tanzen nach der Lebens-Melodie
Eines Tages
wird Licht sein
überall
und die Schatten
ergreifen endgültig
die Flucht

Lisianne Enderli

Aus: Lichtblicke. Adventskalender der Jungen Gemeinde Zürich 1989, S. 60.

8. Tanz: Danket, danket dem Herrn

Kanon für 4 Stimmen

Danket, dan - ket dem Herrn, denn er ist sehr freund -

lich, sei - ne Güt und Wahr - heit wäh - ret e - wig - lich!

Text: Psalm 136,1
Melodie: mündlich überliefert

Der Tanz ist freudig bewegt und eignet sich für eine grosse Gruppe. Im Gottesdienst kann er je nach Platzverhältnissen in der Kirche oder zum Anfang oder Schluss auf dem Kirchplatz getanzt werden. Alt und jung können spontan auf Anleitung hin mittanzen.

Aufstellung

Es werden vier konzentrische Kreise gebildet, analog den Kanoneinsätzen. Die Hände sind durchgefasst. Zuerst bewegen sich alle gleich und einstimmig.

Ablauf

Danket, danket dem Herrn:
Alle Kreise gehen mit acht Schritten nach rechts. Mit dem rechten Fuss beginnen.

denn er ist sehr freundlich:
Die Kreise gehen mit acht Schritten nach links. Mit dem rechten Fuss beginnen.

seine Güt und Wahrheit:
Alle hüpfen auf acht Zeiten wieder nach rechts. Mit dem rechten Fuss beginnen.

währet ewiglich!
Hände loslassen. Mit erhobenen Armen
 - Gott zugewandt - sich mit acht
Schritten, rechtsherum, ein- bis
zweimal um die eigene Achse
drehen.

Kanon

Der innerste Kreis beginnt zu tanzen, der zweite setzt ein, dann der dritte und zuletzt der äusserste Kreis. Vor Beginn wird vereinbart, dass der Kanon von allen Kreisen zum Beispiel viermal durchgesungen und -getanzt wird. Zum Schluss bleiben alle noch ein wenig mit erhobenen Armen in der Lobhaltung stehen.

Anmerkung

Wenn die Anzahl der TänzerInnen nur für drei Kreise ausreicht, kann der 4. Kanoneinsatz zum Beispiel von einzelnen Instrumenten oder Singstimmen von ausserhalb gespielt oder gesungen werden.

Bewegungsvorschlag: Marlis Ott
Zeichnungen: Max Bosshart
Siehe auch 'Das Lob Gottes in Bewegung', Seite 111.

9. Dankgebet

Ich erinnere mich an die kostbaren Momente meines Lebens, in denen ich das Lebens zutiefst erfuhr.

Momente beim Wandern, in denen mich das Staunen über die Schönheit der Schöpfung nicht mehr losliess.

Momente, in denen ich ehrlich mit mir selber war und auch anderen erzählte, was mein Leben ausmacht.

Momente, in denen ich schon beim Aufstehen tiefe Dankbarkeit über meine Gesundheit empfand.

Momente, in denen ich zärtliche Zuwendung erfahre und mich so geben kann, wie ich bin, lachend und weinend.

Momente, in denen ich kämpfe für mehr Gerechtigkeit und in dieser Solidarität die Macht der Ohnmächtigen spüre.

Momente, in denen ich im Brechen des Brotes die Gratwanderung unseres Lebens zwischen Tod und Auferstehung wahrnehme, die jede Sekunde des Lebens kostbar macht.

Momente, in denen ich feiern, tanzen, singen kann und dies wie ein Kind, das das Vertrauen ins Leben geniesst.

Momente, in denen ich wie jetzt in all dem dich, Christus, erahne und dir danke für mein Leben und für alle, die da sind, um neu mit dir das Leben zu feiern und zu wählen.

- Pierre Stutz

Vertiefende Gedanken zum Ergriffensein, in: P. Stutz/A.B.Kilcher, Vom Unbegreiflichen ergriffen. Mystische Lebenserfahrungen, rex verlag luzern stuttgart 1993.

10. Lied: Ich lobe meinen Gott

(vgl. Hallelu II, I 3; Songbuch 2, Nr. 20; miteinander Nr. 121)

11. Auf den Weg

Spirituelle Alltagsübungen

Ich richte mir in unserer Wohnung, in meinem Zimmer, am Arbeitsplatz eine winzigkleine Ecke ein, mit einer Kerze, einem Gegenstand, der mich daran erinnert, dass das Wesentliche im Leben ein Geschenk ist.

Ich gebe all den Menschen, die mir Gutes tun, ein kleines Echo, indem ich ihnen eine Karte schreibe. Wenig Worte, die von Herzen kommen, genügen. Zum Beispiel: "Danke, dass du da warst." - "Unsere Begegnung begleitet mich." - "Dein An-mich-Denken tut mir gut."

Beim Verweilen in der Natur, beim Joggen sich erinnern, dass Gott in allem atmet und wir "umfangen sind von den Umarmungen Gottes" (Hildegard von Bingen).

Die Geschenkbons in der Brieftasche, im Geldbeutel können wir mittragen, von Zeit zu Zeit ausfüllen und in das grosse Geschenkspaket legen.

Pierre Stutz

Dieser Baustein kann kopiert und nach dem Gottesdienst den Mitfeiernden als Weggedanke für den Alltag mitgegeben werden.

Modell 8

Loslassen - Verwandlung

Einstimmung und Gestaltungshinweise

Tod und Auferstehung stehen im Zentrum des christlichen Glaubens. Unsere Menschwerdung kann nur gelingen, wenn wir lernen, zu akzeptieren, dass das Sterben und der Tod zu unserem Leben gehören. Unser Glaube will uns so im Vertrauen verwurzeln, dass wir auch im Schweren neues Leben erfahren. Mitten im Alltag sterben wir ein wenig, wenn wir hinter unseren Idealen zurückbleiben, wenn wir schwierige Momente in unseren Beziehungen aushalten oder Menschen, die uns lieb sind, loslassen müssen, damit wir Beziehungen vertieft oder neu leben können. Ältere Menschen, bei denen die Kräfte nachlassen, sind besonders herausgefordert, loszulassen, um sich auf den Tod vorzubereiten. Doch nicht nur alte Menschen. Wir alle sind eingeladen in einer Welt, die auf materielle Sicherheiten baut, unser Leben nicht vom Haben her, sondern vom Sein, von Gott her, zu gestalten. Zurecht meint der Verfassungsrechtler Ulrich K. Preuss, dass in unserer Wohlstandsgesellschaft die Geschwisterlichkeit dem Streben nach Sicherheit zum Opfer gefallen ist. Wir sind immer weniger fähig, gastfreundlich zu sein und zu teilen. Je mehr wir haben, desto grösser die Angst, scheinbar Wichtiges zu verlieren. Dabei verlieren wir Sinnstiftendes in unserem Leben: Begegnungen, die Leben ermöglichen. Grosse Mystikerinnen und Mystiker laden immer wieder ein, das Loslassen einzuüben, damit Gott neu in uns geboren werden kann. Johannes Tauler nennt drei Phasen dieses Prozesses:
1. Die Welt, das Haben loslassen. Sich an den Gütern der Welt freuen, ohne abhängig zu werden.
2. Mich selber lassen. Bilder von mir und anderen loslassen. Alltägliches Sterben einüben, damit mir neues Leben geschenkt wird.

3. Gott sein lassen. Vorstellungen und Bilder von Gott loslassen, schweigen in der Stille.

Weiterführende Gedanken in meinem Brief an Johannes Tauler: Krise als Weg zur Gottesgeburt. In: Pierre Stutz/Benjamin Kilcher, Vom Unbegreiflichen ergriffen, rex verlag luzern stuttgart 1994, S. 36-55.

Nebst den meditativen Übungen kann auch eine Feier in der ganzen Gemeinde mit dem Symbol einer Sicherheitsnadel gestaltet werden. Sie kann nur Halt geben, wenn wir sie öffnen...

1. Zur Begrüssung

Liebe Mitmenschen

Sie kennen vielleicht den zentralen Gedanken Jesu, den wir in verschiedenen Evangelien finden: "Denn wer sein Leben retten will, wird es verlieren, wer aber sein Leben um meinetwillen verliert, wird es gewinnen" (Matthäus 16,25). Lange habe ich wenig Zugang zu diesem Gedanken gefunden. Er erschien mir lebensfeindlich. Je mehr ich in der Stille und mit anderen über das Leben nachdenke und mit Menschen, denen Schweres widerfährt, um Leben ringe, desto mehr entdecke ich darin ein Geheimnis unseres Lebens und Glaubens: Wir bleiben nur lebendig, wenn wir lernen loszulassen, zu sterben, damit unsere Lebensqualität erhalten bleibt und allen Menschen 'Leben in Fülle' ermöglicht wird. Darum lade ich Sie heute ein, diesem wichtigen Lebensthema nachzuspüren.

2. Meditationsübung

Wir setzen uns bequem hin, unsere beiden Füsse stellen wir bewusst auf den Boden. Wir konzentrieren uns auf unseren Atem, der kommt und geht. Durch meinen Atem wird das Geheimnis unseres Lebens sichtbar: ein- und ausatmen, loslassen und neu empfangen. Wir verweilen einen Moment in Dankbarkeit über dieses Geschenk des Lebens, unseren Atem. - *Stille* -
Schwester Geist atmet in uns, und sie will uns im Urvertrauen bestärken, loslassen zu können, um neu geboren zu werden. - *Stille* -
Wir gehen in unseren Gedanken Erlebnissen nach, in denen wir loslassen mussten. Vielleicht spüren wir dabei wieder den Schmerz und versuchen, ihn so gut es geht zuzulassen. - *Stille* -
All diese Gefühle und Erinnerungen, auch die schmerzvollen, dürfen wir nun hineinlegen in die Bitte Gottes um Erbarmen:

- *Kyrieruf* -

Gott, du Quelle aller Beziehungen, wir tun uns oft schwer, unsere Kinder loszulassen, wenn sich Beziehungen verändern, Menschen, die gestorben sind, freizugeben. Du lädst uns dazu ein und lässt uns Zeit, Schweres anzunehmen. Darum sind wir hier, damit du uns im Urvertrauen festigst, dass durch die Prozesse des Loslassens unser Leben verwandlet und erneuert wird.
Da, wo wir mit schmerzvollen Erinnerungen kämpfen, komm du uns entgegen mit deinem tröstenden Geist.
Da, wo wir loslassen möchten und es nicht können, komm du uns entgegen mit deinem erlösenden Geist.
Da, wo wir Verwundungen heilen lassen und verzeihen möchten oder Enttäuschungen noch nicht verarbeitet haben, komm du uns entgegen mit deinem versöhnenden Geist. Amen.

3. Gedanken zum Symbol der Sicherheitsnadel

Sie alle haben beim Hineingehen in die Kirche eine Sicherheitsnadel erhalten. Sie symbolisiert unser echtes Bedürfnis nach Sicherheit. Zugleich zeigt sie uns, dass Sicherheit ohne Offenheit, ohne unser Loslassen nicht möglich ist. Nehmen Sie nun diese Sicherheitsnadel in die Hand. Halten Sie sie geschlossen und erinnern Sie sich an Erfahrungen, Orte und Menschen, die Ihnen Sicherheit und Halt gegeben haben. - *Stille/Musik* -
Öffnen Sie nun die Nadel und erinnern Sie sich an Erlebnisse, die möglich geworden sind, weil Sie sich geöffnet haben, an Begegnungen, die Ihnen geschenkt wurden, weil Sie Vorurteile fallengelassen haben. Öffnen Sie sich neuen Sichtweisen, indem Sie Ihre Werteskala immer neu überprüfen und verbreitern.- *Stille/Musik* -

Gott, du schenkst uns Halt im Leben. In dir finden wir den Grund unseres Vertrauens. Die Sicherheitsnadel, die wir in den Händen halten, erzählt von diesem Grundbedürfnis. Du nimmst es ernst und lädst uns ein, uns immer neu zu öffnen, weil du selber uns mit immer neuem Leben beschenkst. Wir bitten um Verzeihung, wenn wir hartherzig, geizig und intolerant waren. Befreie uns von der Sucht, immer mehr besitzen zu wollen, und lasse uns neue Menschen werden, die wie Jesus teilend durchs Leben gehen. Amen.

4. Geschichten

Die kleine Kiefer

An der Strasse, die ich täglich gehen muss, hatte der Wind ein paar Kiefern gepflanzt. Sooft ich vorüberging, freute mein Auge sich über die jungen Bäume. Besonders eine Kiefer entzückte mich durch ihren kräftigen, geraden Wuchs und ihre dichten Nadeln.
Eines Morgens erschrak ich: Eine rohe Hand hatte meine Kiefer umgebrochen. Wenn ich sie nun sah in ihrer Verstümmelung, empfand ich Zorn und Schmerz.
Bis ich eines Tages entdeckte, wie die Spitze der jungen Kiefer sich langsam hob und ihr neuer Trieb wieder in die Höhe wuchs. Der Knick im Stamm - das Stigma -

blieb. Aber eines hatte die Roheit nicht vermocht: das Gesetz zu brechen, nach dem der Baum wieder himmelwärts strebte.

Katharina Seidel

Aus: K. Seidel, Moderne Gleichnisse, rex verlag luzern stuttgart 1994, S. 25.
Weitere Geschichten, gesammelt von W. Hoffsümmer:
Kurzgeschichten 3, Nr. 46: Gott tötet nicht; Nr. 48: Reif werden im Leid.
Kurzgeschichten 4, Nr. 218: Die Nähe eines lieben Menschen; Nr. 233: Der zweifelnde Mönch.
Kurzgeschichten 5, Nr. 127: Der aufgeschnittene Stacheldrahtzaun.

5. Biblische Motive

Psalm 30,12: Du hast mein Klagen in Tanz verwandelt.
Jeremia 31,12-17: Heilung der Wunden.
Matthäus 13: Wachstumsgleichnisse, Vertrauen ins Reifen.
Matthäus 21,28-32: Die beiden Söhne. Für Eltern, als Ermutigung, ihre Kinder loszulassen, weil all das Gute, das sie in ihnen angelegt haben, nie verlorengeht.
Markus 8,31-33: Petrus wird hart angegriffen, weil er Jesus von der Treue zu seinen Idealen abhalten will.
Lukas 21,12-19: Auch im Schwersten wird euch kein Haar gekrümmt.
Johannes 15,13: Es gibt keine grössere Liebe, als sein Leben hinzugeben für seine Freunde.

6. Gebet mit älteren Menschen

Du guter und treuer Gott
wir sind heute beisammen
um deinen Zuspruch und deinen Trost
zu erfahren.
Vieles haben wir in unserem Leben erlebt:
Gutes, das unser Leben froh und hell gemacht hat.
Schweres, das uns viel Kraft gekostet hat und

wir teilweise im nachhinein nicht missen möchten.
Und jetzt sind wir und spüren, dass wir immer neu
lernen möchten, loszulassen.
Es fällt uns schwer. Schwer ist es, anzunehmen, wie
unsere Kräfte uns verlassen, wie Krankheit unser Leben prägt.
Nicht einfach ist es, unsere Kinder ihr Leben leben zu lassen.
Du weisst um unsere Not, und darum bitten wir,
komm uns mit deiner Güte entgegen, damit wir all das Gute nie
vergessen, das uns geschenkt war und heute jeden Tag geschenkt wird.
Komm uns entgegen, stärke uns im Vertrauen, dass du uns im Leben
und im Sterben beim Namen rufst und all unser Stückwerk vollenden wirst.
So versuchen wir vertrauensvoll, unser Leben in deine Hände zu legen.
Denn da ist es gut aufgehoben und geborgen. Dafür danken wir dir,
durch Jesus Christus, unseren Heiland, und in seinem tröstenden Geist.

7. Gedichte

Grenzen

Und wieder
hab ich dich
und mich
verletzt
war hart
aus Angst
und rannte
innerlich davon
ein Weinen
schnürt mir meine Kehle zu
ich spür die Mauer
von mir gesetzt
zwischen dich und mich
warum

warum nur
stoss ich mich immer wieder
an den selben alten
Grenzen
wund?

Lisianne Enderli

Aus: Das Weite suchen. Adventskalender der Jungen Gemeinde Zürich 1993, S. 18.

Verwandle unsere Ohnmacht

Christus
dich suche ich
in den Augen der Menschen
in der Stille beim Wandern
im Lächeln der Kinder
im Anstossen beim Fest
im Brechen des Brotes
im Schreien der Verzweifelten
in der zärtlichen Umarmung
im mutigen Einsatz für Gerechtigkeit
Komm
verwandle unsere Ohnmacht
mit deinem Licht der Hoffnung
alle Tage unseres Lebens.

Pierre Stutz

kraft des lebens

du
bist die kraft meines lebens
vor wem sollte mir bangen
wenn
unerträgliche tage
nicht enden wollen

wenn
der atem der hoffnung
zu ersticken droht

wenn
alles sinnlos und leer
erscheint

suche
ich umso mehr
nach berührungspunkten
mit dir

wenn
auch hier sich im moment
keine spur abzeichnet

so bin ich
einfach da
versuche
deine abwesenheit
auszuhalten
bilder von dir
loszulassen

um
dich
neu zu entdecken

um
dir
neu begegnen zu können

kommst du mir entgegen

Pierre Stutz, nach Psalm 27,2

Aus: Pierre Stutz, Dem Morgen entgegen, rex verlag luzern stuttgart 1992, S. 39-40.

8. Zum eucharistischen Hochgebet

Während des ganzen Hochgebetes singen und summen wir das Lied "Da nos un corazon", als Ausdruck der Bitte der ganzen Gemeinde.

Lied: Da nos un corazon

Gib uns ein Herz, gross für die Liebe, stark für den Kampf.

Gott,
loslassen möchten wir,
unser Leben in Verbindung bringen mit dem Weg Jesu,
seiner Zuwendung, seinem Hoffen, Loslassen, Leiden, Sterben und Auferstehen.

Gott,
loslassen möchten wir
und hineinwachsen in das grosse Urvertrauen,
dass Christus mitten unter uns gegenwärtig wird,
weil uns durch seine Hingabe offensichtlich wurde,
wie die Spirale der Gewalt und des Misstrauens durchbrochen werden kann,
und du zum Aufstand für das Leben rufst.

Gott,
loslassen möchten wir,
dankbar in dir all das Gute vertiefen,
das durch uns sichtbar wird,
hoffend dir all das Schwere anvertrauen,
all die entwurzelten Menschen,
die auf unser Gebet vertrauen.

Gott,
loslassen möchten wir,
uns bei dir niederlassen,
dankbar Mahl halten,
berührt werden durch das Solidaritätszeichen,
das Christus für immer gesetzt hat
und auch durch uns neu sichtbar wird.

9. Zum Mutterunser-/Vaterunser

Verwandlung geschieht im Vertrauen in das Gebet, das Christus uns anvertraut und
wir mit allen Menschen guten Willens beten können.

10. Segensbitte

Festgefahrene Meinungen loslassen
mitten im Streit
einander wohlwollend verzeihen.

Verhärtete Vorurteile loslassen
mitten im Ringen um neue Beziehung
einander verwandelnd entgegenkommen.

Dankbar die Pracht unserer Schöpfung loslassen
das Leben als Geschenk erfahren
einander segnend begegnen.

So segne uns
Gott, die vertrauensstiftende Kraft
Christus, die Mitte, die Loslassen ermöglicht
Freundin Geist, die im Atem unaufhaltsam uns geschenkt ist. Amen.

11. Auf den Weg

Spirituelle Alltagsübungen

Jeden Abend sich auf den Boden legen und den Tag, das Gute und das Schwere, Gott übergeben. Im Vertrauen, dass er vollendet, was wir tun.

Sich massieren lassen, entspannen: die Zärtlichkeit Gottes erahnen.

Jeden Abend einen Spaziergang unternehmen: Im Verweilen in der Natur, im Betrachten des Himmels die Verbundenheit mit der Schöpfung meditieren und alles loslassen, was dieser Tag mir gebracht hat: Gutes und Schweres, Erdrückendes und Aufrichtendes.

In schmerzvollen Stunden: Tagebuchschreiben - sich selbst einen Brief schreiben, der Schmerz und Zorn über einen Verlust ausdrückt und auch die Hoffnung, loslassen zu können.

Pierre Stutz

Dieser Baustein kann kopiert und nach dem Gottesdienst den Mitfeiernden als Weggedanke für den Alltag mitgegeben werden.

Modell 9

Hoffnungs- und Lebenszeichen

Einstimmung und Gestaltungshinweise

Mein Zimmer ist voll von symbolischen Gegenständen: Bilder, Steine, Karten, eine Kaffeetasse, ein gebogener Löffel eines Fixers, eine Kastanie. Sie zeigen mir jeden Tag, wie reich und vielschichtig mein Leben ist. Hinter all diesen kleinen Gegenständen verbergen sich Beziehungen und Begegnungen, die sich irgendwann einmal ereignet haben. Da uns oft für das Wesentliche Worte fehlen, bin ich sehr dankbar für all diese Zeichen. Sie erinnern mich an einen Menschen, an eine wichtige Erfahrung und lassen mir in gewissen Momenten dieses Erlebnis ganz gegenwärtig werden. Durch diese Zeichen habe ich auch einen neuen Zugang zu den Sakramenten gefunden. Sie verweisen mich auf eine tiefere Wirklichkeit meines Lebens: die Freundschaft, die Christus mir schenkt. Im Feiern der Sakramente geht es nicht um magische Handlungen, sondern um das Ausdrücken, Begreifen, Erahnen der Wirklichkeit, die verborgen schon immer in meinem Leben anwesend war, ob ich es wahrhaben will oder nicht: die geheimnisvolle Gegenwart Gottes in uns Menschen.

Darum gestalte ich immer wieder Gottesdienste und lade die Mitfeiernden ein, Alltagsgegenstände mitzubringen, die ihnen wichtig, heilig geworden sind. Dies ist mit Kindern, Jugendlichen, Familien und auch älteren Menschen in Gruppen- und Gemeindegottesdiensten möglich. Alle werden im voraus gebeten, einen Gegenstand mitzubringen. Es ist wichtig, einige Beispiele von sehr alltäglichen Symbolen zu erwähnen, weil viele ganz unbewusst der Meinung sind, nur ein sakrales Symbol könne mitgenommen werden. Der Gang zum Altar, wo wir diese Gegenstände ins Zentrum unserer Feier stellen, damit sie einen Bedeutungswandel erfahren, ist für viele ein eindrückliches Erlebnis. So ein Ritus kann wiederholt werden, weil gerade solche Symbole uns immer neu treffen und bestärken können.

1. Zur Begrüssung

Ich freue mich, diese Lebensfeier mit Ihnen eröffnen zu dürfen. Sie haben einen Gegenstand mitgebracht, den Sie im Verlauf dieses Gottesdienstes nach vorne bringen können. Damit können Sie sichtbar machen, wie Sie Ihr Leben aus der gemeinsamen Mitte, die Christus ist, annehmen und gestalten wollen. Ihm wollen wir unser Leben anvertrauen. Der Psalm 107 begleitet uns während dieser Feier. Wir hören zunächst einige Verse dieses Psalmes, und nach einem Moment der Stille werden wir diese mit einem Kyrieruf und mit dem Darbringen unserer Symbole vertiefen:

Danket Gott, denn er ist gütig und seine Huld währt ewig.
So sollen alle sprechen, die von ihm erlöst sind, die er
von den Feinden befreit hat.
Denn er hat sie aus den Ländern gesammelt,
vom Aufgang und Niedergang,
vom Norden und Süden.
Sie, die umherirrten in der Wüste im Ödland
und den Weg zur wohnlichen Stadt nicht fanden,
die Hunger und Durst litten,
denen das Leben dahinschwand,
die dann in ihrer Bedrängnis schrien zu Gott,
die er ihren Ängsten entriss
und die er führte auf geraden Wegen,
so dass sie zur wohnlichen Stadt gelangten:
Sie alle sollen Gott danken für seine Zuwendung,
für sein wunderbares Tun an den Menschen.
Sie, die sassen im Dunkel und in der Finsternis,
die stürzten und denen niemand beistand,
die dann in ihrer Bedrängnis schrien zu Gott,
die er ihren Ängsten entriss,
die er hinausführte aus dem Dunkel und der Finsternis
und deren Fesseln er zerbrach:

Sie alle sollen Gott danken für seine Zuwendung,
für sein wunderbares Tun an den Menschen.

Einheitsübersetzung der Heiligen Schrift 1980. © 1995 Katholische Bibelanstalt, Stuttgart

- Stille -

2. Zur Besinnung

Wir hören jetzt noch einmal einige Verse aus dem Psalm 107, die uns an Menschen erinnern können, die leiden und die sich schwer tun mit dem Leben. Wenn Sie einen Gegenstand mitgebracht haben, der Sie an solche Menschen erinnert, so bringen Sie ihn nach vorne - oder auf die drei oder vier kleinen Tische im Mittelgang in einer grossen Kirche oder in die Mitte bei Gruppengottesdiensten - während des Kyrierufes.

Sie, die umherirren in der Wüste, die Hunger und Durst leiden
und deren Leben dahinschwindet, die in ihrer Bedrängnis schreien,
sie dürfen unsere Solidarität erfahren, wenn wir singen:

- Dreimaliger Kyrieruf -

Sie, die sitzen im Dunkeln und in Finsternis,
die stürzen und denen niemand beisteht,
sie werden unsere Unterstützung spüren, wenn wir singen:

- Dreimaliger Kyrieruf -

Wir, die wir uns auch verstricken in Schuld und Egoismus,
wir werden Befreiung und Versöhnung erfahren, wenn wir singen:

- Dreimaliger Kyrieruf -

Dir, Christus, danken wir für dein wunderbares Tun an den Menschen. Du führst uns zusammen, damit wir solidarisch werden, teilen lernen, Versöhnung erfahren. All die Gegenstände erzählen von Menschen, die wir nicht vergessen wollen, weil wir hoffen, dass du sie auch durch uns ihren Ängsten entreisst. Darum danken wir dir für deine versöhnende Zuwendung, die uns gastfreundlich und einfühlsam werden lässt, in deinem völkerverbindenden Geist. Amen.

3. Geschichten

Kein Platz ohne Gott

Ein Heide fragte einmal Rabbi Josua ben Karechah: "Warum wählte Gott einen Dornbusch, um mit Mose aus ihm zu reden?" Der Rabbi antwortete: "Hätte Er einen Johannisbrotbaum oder einen Maulbeerbaum gewählt, so würdest du ja die gleiche Frage gestellt haben. Doch es ist unmöglich, dich ohne eine Antwort fortgehen zu lassen. Daher sage ich dir: Gott hat den ärmlichen und kleinen Dornbusch gewählt, um dich zu belehren, dass es auf Erden keinen Platz gibt, an dem Gott nicht anwesend ist. Noch nicht einmal in einem Dornbusch."

Aus: Jakob J. Petuchowski, "Es lehrten unsere Meister...". Rabbinische Geschichten, (Herder) Freiburg 1992.
Weitere Geschichten, gesammelt von W. Hoffsümmer:
Kurzgeschichten 3, Nr. 60: Auferstanden zu neuem Leben.
Kurzgeschichten 4, Nr. 66: Auferstehung - die einfachste Sache.
Kurzgeschichten 5, Nr. 15: Ein Stück Stoff...

4. Zum Evangelium: Lukas 22,14-23

Brief an Jesus, meinen Bruder

Heute nacht hatte ich einen eindrücklichen Traum. Stell Dir vor, ich war mit einigen Freundinnen und Freunden unterwegs. Als wir an einem Wegkreuz vorbeikamen, bist Du heruntergestiegen und zu uns gestossen. Du kamst mit uns auf den Weg. Wir konnten Dir viele Fragen stellen. Deine Antworten liessen mich nicht mehr los. Vor allem das Gespräch um die Bedeutung von Deinem Tod, Deiner Auferstehung, Deiner Gegenwart in Brot und Wein.

Inzwischen sind mir jedoch erneut viele Fragen gekommen. Darum schreibe ich Dir, um nachzufragen, um Dir ein Echo zu geben. Habe ich Dich richtig verstanden, dass es beim Preisen Deines Todes ganz und gar nicht um die Verherrlichung des Leidens geht? Du hast uns ja von der Brutalität deiner Kreuzigung erzählt. In einer Selbstverständlichkeit hast Du jedoch hinzugefügt: "Es gibt keine Liebe ohne Leiden." Deine Worte - das ist mein Leib, das ist mein Blut - und deine Hingabe lassen uns das offensichtlich werden. Du bist da, wo Menschen gebrochen und verletzt werden. Du bist anzutreffen, wo Menschen "Warum?" schreien, wo sie einsam sind. Dies berührt mich, denn Deine Solidarität ist für mich lebensnotwendig geworden. Doch Du bist auch da, wo Menschen das Leben feiern, die Schöpfung erfahren, einander Gastfreundschaft schenken. Du bleibst für mich ein unfassbarer Mensch in der Spannung von Leid und Fest. Auch nach unserem Gespräch frage ich mich, warum hast Du es soweit kommen lassen? Warum hast Du nicht einen einfacheren Weg gewählt? Einen Weg, den eine Mehrheit gehen könnte? Dein Weg ist so hart, so konsequent, so absolut. Vielleicht wirst Du jetzt ungeduldig, wenn ich nochmals von vorne beginne. Denn die Antwort, die Du uns während des Gespräches gegeben hast, klingt noch tief in mir nach. Du hast vom tiefen Geheimnis Deines Lebens gesprochen. In der Ohnmacht, im gewaltfreien Widerstand liegt die ganze Kraft, die die Welt von der Spirale der Gewalt erlöst. Und zugleich bricht Dein Gebrochensein am Kreuz unsere Bilder von Gott auf, bringt sie durcheinander. Ja, ich sehe schon, dass Dein Weg, so schwierig er auch ist, uns eine neue Werteordnung, das Bild des neuen Menschen und zugleich das Bild des unendlich wohlwollenden Gottes gebracht hat. Aber ich spüre manchmal, dass mir dieses Urvertrauen in Gott, der durch den Tod zum ewigen Leben führt, fehlt. Du kannst Dir nicht vorstellen, wie sehr ich mich danach sehne, dass Du als Auferstandener die Herzen der Menschen durchdringst, belebst und begeisterst. Doch die Realität, die unser Leben bestimmt, holt mich so schnell ein: die Wirtschaftsordnung, die Hartherzigkeit und Fremdenfeindlichkeit, die Angst, etwas zu verlieren, das Ghetto der Ausgegrenzten, die oberflächliche Konsumhaltung so vieler Menschen. Jetzt beim Schreiben erinnere ich mich, dass auch Du leidest an dieser Oberflächlichkeit. Doch zugleich kam durch Dich so überzeugend zum Ausdruck, dass Dein Geist sich durchsetzen wird, auch in Deiner Kirche, Dein Geist der Barmherzigkeit, der über allen Gesetzen lebt. Darf ich mich wirklich eingebunden wissen in den Weg des Urvertrauens, den Menschen seit Jahrhunderten gehen, indem sie weiterhin mit uns beten und kämpfen? Darf ich wirklich darauf vertrauen, dass Du die Kraft bist, die Menschen als Kirche zusammenführt, damit sie sich erinnern, wieviel Gutes Du für jede und jeden getan hast und täglich tust? Jetzt verstehe ich, was Wandlung bedeutet: die Beziehung zu Dir wachsen zu lassen, zu vertrauen, dass Du es bist, der weiterlebt in all den mutigen Einsätzen für Gerechtigkeit, dass Du es bist, der in mir lebt und mir zeigt, dass ich nicht alleine bin. Darum kommt in Deinen Abendmahlworten eine zutiefst persönliche und zugleich höchst politische Aussage zum Ausdruck: für alle bist Du gestorben, in allen lebst Du weiter, für alle kommst Du wieder.

Durch diesen Traum ist mir wie nie zuvor bewusst geworden, wie sehr ich hoffe, dass Du wiederkommst. Jetzt schon. Wie sehr ich hoffe, dass Du diese Schöpfung vollenden wirst. Angefangen bei mir, indem Du mich nicht nur heute, sondern auch im Tod beim Namen rufst und mich in Deine Arme nimmst. Meine Sehnsucht lege ich staunend in das Geheimnis des Glaubens hinein. Wie dankbar bin ich, es mit vielen singen zu können.

Oh ja, komm und bleib bei uns!

Pierre Stutz

5. Fürbitten - Gabenbereitung

Wir bringen all unsere Alltagsgegenstände nach vorne, weil sie Ausdruck unserer Sehnsucht sind, verbunden zu sein mit allem Leben, mit allen Menschen. Stellvertretend werden einige Mitfeiernde ausdrücken, was für sie der Gegenstand bedeutet, welche Bitte, welcher Dank damit verbunden ist.

Wir alle antworten zwischendurch mit dem Psalmwort:

Wir alle danken dir für dein wunderbares Tun an den Menschen.

6. Das Lob Gottes in Bewegung

Gott soll gelobt sein bei Tag und bei Nacht, so lautet die Botschaft aus dem Kanon "Vom Aufgang der Sonne bis zu ihrem Niedergang...", und "Gott loben das ist unser Amt" singen wir in einem anderen Lied.

Der Lobteil im Gottesdienst soll nicht zu kurz kommen. Zeit haben, sich ins Lob hineinzubegeben und Gott im Lobpreis zu feiern, sind wichtige Elemente. Im Lob können sich Festlichkeit, Anmut und Schönheit des Glaubens besonders entfalten. Das Loben stellt die Beziehung zu Gott und zwischen den Menschen unter neue, verheissungsvolle und verändernde Vorzeichen.

Zum gesungenen und gesprochenen Lob möchte sich seit Menschengedenken das bewegte Loben hinzugesellen. Der Leib als 'Tempel Gottes' mit seinen besonderen Möglichkeiten möchte miteinbezogen sein, nicht nur beim Loben, sondern auch beim Verkünden. Von vielen wird Tanzen im Gottesdienst als beglückend und festlich, heilsam und lösend, aber auch gemeinschaftsfördernd erlebt. Eine junge Theologin hat bei der Einsetzung in ihre erste Gemeinde auf der Kanzel das Magnificat getanzt. Sie wollte damit Gott loben, ihn gross machen. Selber sei sie, so erzählte sie, dabei gross geworden und über sich hinausgewachsen.

Diese Lob- und Gebetshaltung weist über den Menschen hinaus, auf die Verbindung zwischen Gott und den Menschen hin. Es ist eine offene und befreiende Haltung, hingebend und empfangend.

Tanz: Halleluja, Amen

Kanon zu 2 Stimmen

Hal-le - lu - ja, Hal-le - lu - ja,   A - - - - men, A - - - - men!

Text und Melodie: mündlich überliefert

Grundschritt

Zu den beiden "Halleluja" vier Schritte
nach rechts gehen: rechts, links, rechts,
links, mit durchgefassten Händen. Zu
den beiden "Amen" sich zur Mitte wenden
und mit erhobenen Armen ganz fein
nach rechts und nach links wiegen,
zweimal. Die Hände bleiben durchgefasst.

Bewegungsform 1

Aufstellung in zwei konzentrischen Kreisen um eine Mitte - zum Beispiel eine Kerze
und Blumen. Front zur Mitte. Die verschiedenen Schritte:

a) Gott loben:
Beide Kreise singen und tanzen das Lied
zuerst einstimmig durch. Für den Kanon
beginnt der innere Kreis, der äussere setzt ein.
Vorher absprechen, dass der Kanon zum
Beispiel dreimal durchgetanzt wird.

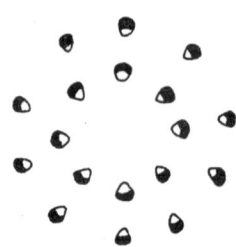

b) Einander loben:
Nicht nur Gott will gelobt sein. Auch wir
Menschen brauchen Lob und sind darauf
angewiesen. Darum wendet sich der innere
Kreis nach aussen, so dass sich die Tänzer-
Innen beider Kreise anblicken. Es entstehen
beim Tanzen viele Möglichkeiten, andere
wahrzunehmen und einander zu loben.
Wieder dreimal im Kanon durchtanzen.

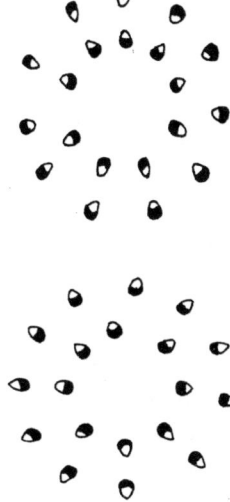

c) Das Lob auf den Weg schicken:
Das Lob will hinaus in die Welt. Es kann
die Kirchenmauern mit seiner verändernden
Kraft sprengen.Darum wendet sich auch
der äussere Kreis nach aussen. Beide
Kreise schauen jetzt nach aussen.
Wieder im Kanon dreimal durchtanzen.

d) Das letzte Lob gehört wieder Gott:
Beide Kreise wenden sich wie anfangs zur Mitte. Wieder dreimal im Kanon durchtanzen.

Bewegungsform 2

Das Halleluja kann ebensogut auch in den Kirchenbänken gesungen werden. Der
ganze Lobteil wird jetzt am Platz erlebt.
Zum "Halleluja" mit durchgefassten Händen ganz fein nach rechts und nach links
wiegen, zweimal.
Zum "Amen" mit erhobenen Armen und durchgefassten Händen weiter nach rechts
und nach links wiegen, zweimal.
Zu b): Die GottesdienstteilnehmerInnen der 1.,3.,5., etc. Kirchenbank drehen sich
nach hinten. Einige LeiterInnen werden vorher bestimmt, die Bankreihen im ent-
sprechenden Moment zum Drehen aufzufordern.

Es entsteht durch die gegengleiche Bewegung ein eindrückliches Lebens-Gewebe.
Zu c): Alle drehen sich zur Ausgangstür.
Zu d): Alle wenden sich wieder nach vorne.

Bewegungsvorschlag: Marlis Ott
Zeichnungen: Max Bosshart

7. Gabengebet

Christus, wir sind hier, um unser Leben in dir zu verwurzeln. Die vielen Symbole drücken all das aus, was unser Leben mit Sinn, Ängsten und Hoffnungen erfüllt. Unser Leben ist nun ganz nah bei deinen Lebenszeichen, bei Brot und Wein, weil wir vertrauen, dass wir dich erfahren werden als die wandelnde und verbindende Kraft in unserer Gemeinschaft. Sei du in unserer Mitte. Amen.

8. Eucharistie/Abendmahl

Lied: Wir preisen deinen Tod (vgl. Hallelu I, 23.16 oder miteinander Nr. 150)
- mehrmals singen, abwechslungsweise mit dem Psalmwort "Wir alle danken dir für dein wunderbares Tun an den Menschen."

9. Gedichte

Träumen

Träumen - dann und wann
auf einer Leiter emporsteigen
und über den Dächern der Realität
gegen den Himmel schweben
Träumen - dann und wann
über das scheinbar Unglaubliche staunen

das Niedagewesene herbeisehnen
das Verlorengeglaubte wieder finden
und aus Zerstörtem etwas Neues aufbauen
Träumen - dann und wann
sich dem Unveränderlichen widersetzen
Erstarrtes wiederbeleben
sich von Festgefahrenem losreissen
offen sein für Unerwartetes
Träumen - dann und wann
mit dir auf der Leiter der Hoffnung emporsteigen
über den Dächern der Realität
ver-rückte Pläne schmieden
Ungewöhnliches wagen
und einander
vor traumlosen Zeiten bewahren.

Regina Osterwalder
Aus: trotzdem. Adventskalender der Jungen Gemeinde Zürich 1994, S. 18.

Lebens-Aufstand
Ein Traum erwacht
die Nacht wird Licht
und alle stehen auf:
der Lahme tanzt
die Stumme singt
die Hungernden
verteilen Brot und Rosen
und jedes Kind
begreift es jetzt:
die Hoffnung
ist geboren

Lisianne Enderli
Aus: Hoffnungsfunken. Adventskalender der Jungen Gemeinde Zürich 1991, S. 62.

10. Auf den Weg

Spirituelle Alltagsübung - Kreuzmeditation

Die tiefste Erkenntnis in meiner Tanzgeschichte ist die Kreuzform in mir, in meinem eigenen Körper. Hebe ich die Arme seitwärts, stehe ich ausgespannt da zwischen Himmel und Erde, zwischen Ost und West. In dieser Haltung bin ich wehrlos, verletzbar, allem ausgeliefert, aber ganz offen. Offen und bereit für Neues, Aufbruch! Das ist der Anfang vom Ende der Trennung der Menschen: Ich riskiere, mich einem Du anzuvertrauen.

Mir hilft dabei eine Bewegungsform, die ich als Vorschlag weitergeben möchte. Ich nenne sie Kreuzmeditation:

- Suche einen ruhigen Ort und stelle Dich bewusst in die Verbindung zwischen Himmel und Erde - Füsse bequem schulterbreit, Augen geschlossen.
Gehe dem Atemstrom von oben nach unten und von unten nach oben nach; ohne Druck, einfach wahrnehmend.
- Hebe nun ganz langsam Deine Arme seitwärts in die Horizontale, wie wenn Deine Handgelenke an Fäden hochgezogen würden. Harre in dieser Stellung bewusst aus, die Handflächen sind nach unten gewendet und symbolisieren die Verbindung zum Alltag, zu Deinen Mitmenschen.
- Kehre die Handflächen langsam nach oben und führe die Arme hinauf, gleich einem Kelch geöffnet zum Übergeben dessen, was Du allein nicht kannst, zum Empfangen von Kraft.
- Langsam schliessen Deine Hände den Kreis, oben segnend über Dir, und bringen diese 'Fülle-Geist Gottes' ganz langsam über die Kreuzform wieder auf 'Deinen Boden', Deinen jetzigen Standort.

Diese einfachen Bewegungen kannst Du mehrmals hintereinander machen, in einem für Dich angemessenen Tempo, nicht zu schnell. Vergiss dabei nicht, Deinen Atem ruhig fliessen zu lassen.

Pia Birri Brunner

Diese Meditation wirkt am Anfang oder Schluss eines Gruppengottesdienstes besonders stark. Sie kann uns zur eigenen Mitte, aber auch zur verbindenden Mitte, zu Christus, hinführen. Die Kreuzmeditation ist auch ein nachvollziehbares Auftrags- und Segenszeichen: Du bist gesegnet, um Segen zu sein.

Dieser Baustein kann kopiert und nach dem Gottesdienst den Mitfeiernden als Weggedanke für den Alltag mitgegeben werden.

Modell 10

Zärtliches Beten

Einstimmung und Gestaltungshinweise

"Gott hat alle Dinge der Welt so eingerichtet, dass eins auf das andere Rücksicht nehme ... Gott, Urkraft der Ewigkeit, in deinem Herzen ist alles geordnet, erschaffen ist alles, wie du gewollt, durch dein Wort", schreibt die Mystikerin Hildegard von Bingen. Durch ihre Schöpfungstheologie kann unser Beten geerdet werden. Unser Leben wird zum Gebet, wenn wir mit jedem Atemzug unsere tiefe Verbundenheit mit der Schöpfung wahrnehmen. Einfache Gesten können uns mitten im Alltag helfen, Gott als unseren Schöpfer zu loben: Stillstehen und zum Himmel schauen, eine tiefe Verneigung, offene Hände und Arme hochhalten. Auch in der Sinnlichkeit, im lust- und verantwortungsvollen Gestalten der Sexualität sieht Hildegard von Bingen die "Urkraft der Ewigkeit". Denn: "Spiritualität und Sexualität sind untrennbar miteinander verbunden. Die sexuell unreife Person kann nicht auf der Suche nach Spiritualität sich der Herausforderung sexueller Integrität entziehen. Wer das tut, dessen Spiritualität wird in der Regel quer liegen." (K. Leech)
Damit alle Teilnehmenden sich mit Leib und Seele erfahren, beginnt entweder der Gottesdienst im Freien, oder am Schluss des Gottesdienstes gehen alle miteinander hinaus und bleiben vor einer Pflanze, einer Blume, einem Baum stehen, umarmen den Baum und verabschieden sich herzlich von den andern Mitfeiernden.

1. Zur Begrüssung

"Alles Irdische ist ein Gleichnis vom Göttlichen", erinnert uns die Mystikerin Hildegard von Bingen. Stellen Sie sich vor, wie sich unser Leben und Beten verändern
könnte, wenn wir in allem, was uns in der Schöpfung begegnet, Gottes Spuren entdecken könnten. Unser Staunen würde kein Ende nehmen, und unsere Achtsam-
keit der Schöpfung, den Tieren, den Pflanzen gegenüber wäre voll neuer Kraft. Unser Umgang untereinander wäre zärtlicher und sorgsamer, und all die notleidenden,
verfolgten und ausgegrenzten Menschen würden unser solidarisches Teilen neu erfahren.
Diese Hoffnung führt uns heute zusammen: dass unser Beten zärtlich wird. Zärtlich
in der Begegnung mit Menschen, zärtlich in der Bewahrung der Schöpfung, zärtlich
im achtsamen Umgang mit uns selbst, zärtlich in der Quelle aller Zärtlichkeit, Gott.

2. Besinnungslied

Zur Besinnung singen wir das Lied Schalom chaverim - Friede, ihr Freundinnen und
Freunde. Dabei versuchen wir auch zu alldem zu stehen, was uns hindert, Frieden
zu leben. Wer möchte, kann dieses Lied auch durch Bewegungen in der Kirchenbank und/oder als Gruppe, die rund um den Altar steht, ausdrücken:

Lied und Tanz: **Schalom chaverim**

Übersetzt: Friede, Freunde
                    Friede, Freundinnen
                    bis zum Wiedersehen

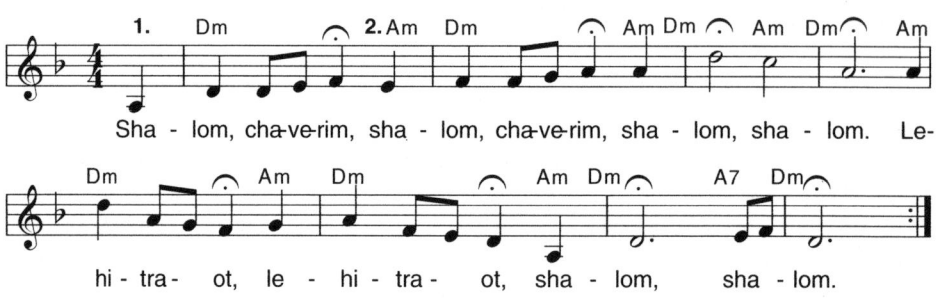

Sha - lom, cha-ve-rim, sha - lom, cha-ve-rim, sha - lom, sha - lom. Le-hi - tra - ot, le - hi - tra - ot, sha - lom, sha - lom.

Text und Musik aus Israel

Schalom chaverim:
Rechte Hand aufs Herz legen.

Schalom chaveroth:
Linke Hand aufs Herz legen. Dabei meinen Ort des Unfriedens und der Verspannungen wahrnehmen, aber auch den Unfrieden von links und rechts und der Welt.

Schalom, schalom:
Arme nach oben in Lobhaltung führen. Diese Spannung kann ich nicht alleine lösen, ich darf sie in die göttliche Versöhnungskraft übergeben und neue Kraft schöpfen.

Lehitraot, lehitraot:
Wiegen mit erhobenen Armen, rechts-links, rechts-links. Ich lasse mich von dieser göttlichen Kraft ganz erfüllen und neu beleben.

Schalom, schalom:
Arme langsam vor dem Körper hinunterführen. Diese Versöhnungskraft in meine Bitte um Vergebung hineinströmen lassen, überall da, wo ich Frieden hineinfliessen lassen möchte.

Bewegungsfolge nach Pia Birri Brunner

Dieses Lied singen wir mehrmals, auch im Kanon. Danach bleiben alle zur Verge-
bungsbitte stehen:
Gott,
du Quelle aller Versöhnung,
gross ist unsere Sehnsucht nach Zärtlichkeit,
und gross ist unsere Unfähigkeit, sinnlich-behutsam
mit uns und der ganzen Schöpfung umzugehen.
Deine erbarmende Zuwendung brauchen wir,
um neu zu wagen,
uns durch deine friedensstiftende Kraft
anrühren zu lassen.
Bewege uns, damit wir erstarrte und gewalttätige
Situationen neu beleben können,
durch Christus, unseren Friedensstifter,
in seinem zärtlich versöhnenden Geist. Amen.

3. Impuls zum Psalm 42

"Wie der Hirsch lechzt nach frischem Wasser, so lechzt meine Seele Gott nach dir.
Meine Seele dürstet nach Gott, nach dem lebendigen Gott. Wann darf ich kommen
und Gottes Antlitz schauen." (Psalm 42,2-3)

Seele heisst auf hebräisch 'nephesch' und meint zunächst den Hals und den aufge-
sperrten Mund. Darum wird das Wort häufig mit Durst in Verbindung gebracht, um
unser ungestilltes Verlangen nach Gott auszudrücken: Meine Seele dürstet nach
Gott.
Im Hebräischen kann Seele auch 'Leben' bedeuten, weil damit all unsere vitalen
Bedürfnisse gemeint sind. In der griechischen Übersetzung wird es mit 'psyché'
wiedergegeben und verdeutlicht die Tiefendimension unseres Lebens. Meine Sehnsucht nach erfülltem Leben ist meine Spur zu Gott. Ich entdecke sie:

wenn ich meine Lebenskraft wahrnehme, dankbar bin für meine Gesundheit.
wenn ich Freundschaft lebe, Beziehungen vertiefe.

wenn ich spüre, was mir im Hals stecken bleibt, um meinen Mund aufzusperren gegen die sinnlosen Kriege in Ruanda, Ex-Jugoslawien, um Ungerechtigkeiten zu benennen und Zivilcourage zu zeigen.

wenn ich staune über den Atem, das grosse Geschenk meines Lebens, der mich mit der Schöpfung und dem Schöpfer verbindet.

wenn ich dem Schmerz und Leiden nicht ausweiche, solidarisch werde und mit andern teilen, lachen und weinen kann.

wenn ich konfliktfähig werde, Rivalitäten wahrnehme und benenne und meine Macht transparent werden lasse.

wenn ich meiner Lebensfreude freien Lauf lasse, singe und tanze.

wenn ich meine Sexualität als lustvolle Lebenskraft erfahre, die mich Gott erfahren lässt.

wenn ich schweigen kann und betend da bin.

wenn ich mir helfen lasse, um auch andere zärtlich trösten zu können.

Selbst-, Nächsten- und Gottesliebe sind ein und dasselbe. Darum kann ich Gott lieben "mit ganzem Herzen, ganzer Seele, ganzer Kraft." (Deuteronomium 6,5)

4. Gleichnisse von der neuen Welt Gottes

Im 4. Kapitel des Markusevangeliums finden wir einige Gleichnisse, die die Schöpfungsverbundenheit Jesu ausdrücken. Anstelle einer langen Predigt sind alle eingeladen, nach einem ersten Hören des Gleichnisses sich Jesus vorzustellen, wie er durch die Felder zieht. Dias aus Galiläa können helfen, diese Verbundenheit zu visualisieren.

5. Fürbitte für die Tiere

Wir beten zu Gott, dem Schöpfer:

Vater unser im Himmel,
wir bitten dich für unsere Brüder und Schwestern, die Tiere:

Geheiligt werde dein Name
in jedem Geschöpf, dem du das Leben geschenkt hast.

Dein Reich komme
zu den Tieren, denen im Reich des Menschen täglich Unrecht geschieht.

Dein Wille geschehe
in der Ehrfurcht vor allem was lebt,
wie im Himmel so auf Erden.

Unser tägliches Brot gib uns heute,
das Brot der Bescheidenheit und nicht der Ausbeutung.

Und vergib uns unsere Schuld
an unseren älteren Geschwistern, den Tieren,

wie auch wir vergeben unseren Schuldigern,
die uns verachten, weil wir für die Tiere eintreten.

Und führe uns nicht in Versuchung,
deine Geschöpfe unseren Bedürfnissen anzupassen,

sondern erlöse uns von dem Bösen,
das uns von deinen Geschöpfen und damit von dir trennt.

Denn dein ist das Reich
der Schöpfung

und die Kraft
der Auferstehung

und die Herrlichkeit
der Kinder Gottes.

In Ewigkeit. Amen.

In: Glaubberger Fürbitte, mit dem Aufruf, dieses Gebet jeden Mittwoch um 20 Uhr zu beten. Weitere Informationen und Aktionsmöglichkeiten bei: Geschäftsstelle C. Appel, Hauptstr. 39, D-63695 Glauburg. Fax: 06041/6213.

6. Geschichten

Beten und Handeln

In Bert Brechts "Mutter Courage" müssen ein paar Bauern mitansehen, wie im Dreissigjährigen Krieg die Häuser der Nachbarn in der Nacht überfallen werden sollen. Die Bauern ergeben sich in ihr Schicksal. Keiner wagt, die bedrohten Einwohner zu warnen. Sie sind eingeschüchtert vom Terror der Soldaten. Sie beten: "Vater unser, ... hör unser Gebet, ... lass die Stadt nicht umkommen, ... erweck sie, dass sie aufstehen, ... steh ihnen bei ...".
Mitten in diesem Gebet steht das stumme Mädchen Kathrin auf, steigt mit einer Trommel auf das Hausdach - und trommelt die Leute in der Stadt wach.
Sie verliert das Leben. Aber die Menschen in der Stadt haben den Lärm gehört und sind gerettet.

In: W. Hoffsümmer, Kurzgeschichten 5, Nr. 101: Beten und Handeln. Weitere empfehlenswerte Geschichten S. 61-74.

7. Gedichte

Ganz leise

Ich schau dich an
und tausend Schmetterlinge
flattern wild in meinem Bauch
meine Hand an deiner
Atemlosigkeit
und wilde kleine Funken
wachsen zwischen unsrer Haut
dein Atem streift mich
sanfter Wind, der mich zerzaust
Ganz leise spür ich
deine Zärtlichkeit
hat meinen Vogel Angst gezähmt
ich lasse los
tauch in dich ein
und sachte
wie ein Engelsflügel
streift mein Herz
das deine
leicht

Lisianne Enderli

In: Unerwartet nah. Adventskalender der Jungen Gemeinde Zürich 1992, S. 56.

Ganzheitlich beten

Tage werden kommen
in denen werden wir leben

mit Ohren, begabt zu hören
mit Augen, begabt zu schauen
mit Herzen, begabt zu empfinden
mit Füssen, begabt zu tanzen
mit Kehlen, begabt zu singen
mit Eingeweiden, begabt zur Freude
mit Mündern, begabt zur Wahrheit
mit Rückgrat, begabt zu widerstehen
mit Herzen, begabt zu erkennen
mit Häuptern, begabt zur Klarheit
mit Händen, begabt zu lieben.

Tage werden kommen
in denen werden wir leben
begabt in Deinem Atem
zu bezeugen - Reich Gottes

Gabriela Zumstein-Hochreutener

In: Mensch werden. Adventskalender der Jungen Gemeinde Zürich 1988, S. 4.

Der Todesmacht zum Trotz

Hier bin ich
nah bei mir
ruhend
im Schatten meiner Träume

Mein Atem fliesst
- Welle des Lebens -
und in mir wachsen
Sinnlichkeit
und Kraft

Leben
will ich
mit allen meinen Sinnen
leben
der Todesmacht
zum Trotz

Lisianne Enderli

Aus: trotzdem. Adventskalender der Jungen Gemeinde Zürich 1994, S. 32.

8. Auf den Weg

Spirituelle Alltagsübungen

"Nimm Dir jeden Tag eine halbe Stunde Zeit zum Gebet, ausser wenn Du sehr viel zu tun hast, dann nimm Dir eine Stunde Zeit." Franz von Sales

Meditation zu Kohelet 3: Alles hat seine Stunde, eine Zeit zum Lachen, zum Weinen, zum Bauen, zum Niederreissen, zum Behalten, zum Wegwerfen, zum Umarmen, die Umarmung zu lösen:

Alles hat seine Zeit

Ich schreibe alle "Zeiten" ins Heft -
jede Zeit auf eine Seite:
Ich erkenne die Gegensatzpaare
als Licht- und Schattenseiten
des Lebens

Ich überdenke die Lehre von Kohelet:
Gott bestimmt die Zeit
für den Menschen

Mit dieser Idee
gestalte ich das Titelblatt

Ich entdecke "meine Zeit"
indem ich von Seite zu Seite blättere
und überlege
in welcher Zeitphase
ich jetzt stehe

Ich verweile in "meiner Zeit":
Ich schreibe, zeichne und male
diese Doppelseite voll
mit Farben und Formen
die diese von Gott geplante Phase
in meinem Leben
so richtig zur Geltung bringen

Vreni Merz

Vreni Merz, Von aussen. Nach innen. NZN Buchverlag, Zürich 1994

Vom Hauptwort zum Tuwort

GEBET
GEBEt
GEBet
GEbet
Gebet
gebet

Autor: Martin Röse, aus: Bundesleitung der Katholischen Jungen Gemeinde (Hg.), AusZeiten!, Texte und Gebete, S. 132 (ISBN: 3-929176-25-4). © 1993 KJG Verlagsgesellschaft mbH, Düsseldorf.

Dieser Baustein kann kopiert und nach dem Gottesdienst den Mitfeiernden als Weggedanke für den Alltag mitgegeben werden.

Modell 11

Konflikte wagen - Versöhnung suchen

Einstimmung und Gestaltungshinweise

"Friede und Gerechtigkeit umarmen sich", heisst es im Psalm 85. Mit dem Brechen des Brotes verwurzeln wir uns in Christus und erhalten den Auftrag, selbst zu Brot und Wein für andere zu werden. Dies ist möglich, wenn wir konfliktfähiger werden und lernen, mit unserem Neid, mit unseren Aggressionen, mit unserer Eifersucht und unserer Rivalität umzugehen. Kain und Abel sind auch in uns. Im Brechen des Brotes wird uns verheissen, besser mit unserer Zerbrochenheit umgehen zu können. In unserer Kapelle in Neuchâtel steht neben der Hostienschale eine andere grosse Schale. All das, was uns belastet, schreiben wir jeden Freitag auf kleine Zettel und legen sie in diese Schale: Gewalt in uns, Namen von Menschen, die Opfer von Gewalt werden, verhärtete Beziehungen. Als Zeichen der Hoffnung verbrennen wir jeden Freitag diese Zettel. Ein Ritual, das in jeder Kirche, in jeder Gruppe regelmässig gefeiert werden kann. So können wir lernen, besser mit Konflikten umzugehen und das Vertrauen auf Versöhnung zu vergegenwärtigen: im Teilen von Christus als Brot des Lebens und als Becher der Hoffnung.
Eine eindrückliche Geste, um die Spannung zwischen Gewalt und Versöhnung auszudrücken, ist auch mit vielen Teilnehmenden mit beiden Händen möglich: Die linke Hand wird zur Faust geballt, und die rechte Hand ist geöffnet als Bitte zur Versöhnung (siehe Friedensgeste).

1. Zur Begrüssung

Liebe Mitmenschen

In uns Menschen steckt eine grosse Sehnsucht, der Wunsch nach Zufriedenheit, nach Harmonie, nach Ganzheit. Je mehr wir lernen zu akzeptieren, dass dieser Wunsch nie ganz in Erfüllung geht, umso mehr können wir mit den Spannungen unseres Lebens umgehen. Der Trappist und Mystiker Thomas Merton schreibt: "Der Kern des menschlichen Daseins birgt ein Paradoxon in sich. Erst wenn der Mensch dies begreift, wird seine Seele dauerndes Glück finden." Diesen Widerspruch benennt auch der Mystiker Johannes Tauler, wenn er aufruft, den "Frieden im Unfrieden, die Freude in der Trauer, die Gelassenheit in der Unbeständigkeit und den Trost in der Bitterkeit" zu suchen. Im Feiern des Abendmahles/der Eucharistie werden wir in diese Spannung hineingeholt; denn wir feiern Tod und Auferstehung, das Durchbrechen der Spirale der Gewalt als neues Versöhnungszeichen und das Durchgehen durch das Leiden, um neues Leben für alle zu ermöglichen. So wollen wir in der folgenden Besinnung auch zu unserem Schatten, zu unseren Grenzen stehen. Nur so können sie in das Geheimnis der Menschwerdung Jesu hineingenommen werden.

2. Besinnung

Wir werden still und überdenken unsere Beziehungen; wo haben wir Rivalität, Neid und Eifersucht gespürt, die wir nun vor Gott bringen möchten. - *Stille* -

Kyrie eleison

Wo war unser Umgang mit unserer Macht oder mit unserer Fähigkeit, andere zu beeinflussen, nicht ehrlich, und wo haben wir es anderen zu wenig ermöglicht, auf eigenen Füssen zu stehen. - *Stille* -

Kyrie eleison

Wo haben wir Konflikte verdrängt und zu wenig klar ausgedrückt, dass wir uns unverstanden und missbraucht gefühlt haben. - *Stille* -

Kyrie eleison

Wo haben wir geschwiegen und Ungerechtigkeiten an der Arbeitsstelle hingenommen, auch aus Angst, die Stelle zu verlieren. - *Stille* -

Kyrie eleison

Wo sind wir unfähig gewesen, Spannungen auszuhalten, Verletzungen zu benennen, Ohnmacht über Krieg und Gewalt auszudrücken, um den Glauben an das Gute im Menschen nicht zu verlieren. - *Stille* -

Kyrie eleison

Christus, unser Bruder, du kennst die Momente der Enttäuschung und den Schmerz über die verhärteten Herzen der Menschen. Darum kommen wir zu dir, weil wir wie du konfliktfähiger werden möchten, um den Hunger nach Gerechtigkeit und Frieden nie zu verlieren und um trotzdem auf die Versöhnungsbereitschaft aller Menschen zu vertrauen. Sei du unsere Versöhnung im Entlarven eines faulen Friedens und im Vertrauen auf die Macht der Ohnmächtigen. Jetzt und alle Stunden unseres Lebens. Amen.

3. Verbrennen unserer Last

Am Ende der Bänke oder in der Mitte des Kreises finden Sie kleine Zettel und Bleistifte. Auf diese Zettel können Sie all das schreiben, was Sie an Unfrieden bedrückt und ihre Ohnmacht empfinden lässt: Ihre eigene Aggression, Ihren Neid, den Krieg und die Opfer der Gewalt, die hungernden Menschen, die verlassenen Kinder…
Schreiben Sie in Stichworten alles auf, und übergeben Sie danach während des Kyrierufes die Zettel dem Feuer in der Schale, als Zeichen unserer Hoffnung auf die

Versöhnungskraft und als Sinnbild unserer Bereitschaft, durch ein solidarisches Handeln ein Zeichen der Versöhnung uns selbst zu werden.

- Stille/Kyrieruf -

Christus, du bist hinabgestiegen in das Reich des Todes, um uns zu befreien von aller Angst und um uns aufzuzeigen, wie der Schatten zu unserem Leben gehört. Es gibt kein Licht ohne Schatten, es gibt keine echte Versöhnung ohne Konfliktbereitschaft, es gibt keine Menschwerdung, ohne das Integrieren der eigenen Grenzen. Steh du uns bei und nimm uns zärtlich bei der Hand, damit wir neue Menschen werden, vertrauend ohne Ende auf Frieden in Gerechtigkeit. Verwandle im Feuer deiner Liebe unsere Last, damit wir aufrechter gehen können, in deinem verwandelnden Geist. Amen.

4. Geschichten

Wie ein Kochtopf

Ein Schüler fragte den Meister: "Wie ist es möglich, zwei unversöhnliche Feinde zur Zusammenarbeit zu bewegen?"
Der Meister antwortete: "Lerne vom einfachen Kochtopf. Sein dünner Boden vermag die feindlichen Elemente Feuer und Wasser nicht zu versöhnen, aber er bewegt sie zur friedlichen Zusammenarbeit. Und dabei mischt er sich nicht ein in die widersprüchlichen Angelegenheiten der beiden Gegner: Er lässt das Wasser Wasser sein, und auch das Feuer brennt weiter."

Nach einer rabbinischen Parabel. In: W. Hoffsümmer, Kurzgeschichten 4, Nr. 135.
Weitere Geschichten, gesammelt von W. Hoffsümmer:
255 Kurzgeschichten, Nr. 158: Gandhi verzeiht seinem Mörder.
Kurzgeschichten 2, Nr. 132: Feinde zu Freunden machen.
Kurzgeschichten 4, Nr. 74: Zwillingsbrote; Nr. 226: Das Grosse liegt im Kleinen.
Kurzgeschichten 5, Nr. 93: Die rechte Gottesverehrung.

5. Biblische Motive

Rut 1: Zueinander stehen, was immer geschieht.
2 Samuel 12: David steht zu seinen Grenzen.
Psalm 85: Frieden in Gerechtigkeit.
Micha 4,1-5: Schwerter zu Pflugscharen.
Lukas 7,4: Siebenmal vergeben.
Lukas 19,45-48: Mut zur Auseinandersetzung und auf seine Worte vertrauen.

6. Spielimpuls zu Matthäus 18,21-22

"Nicht siebenmal, sondern siebenundsiebzigmal!"

1. SprecherIn: Einmal mehr höre ich, wie unrealistisch das Evangelium ist. Wie soll das möglich sein. Unsere Welt wäre noch gewalttätiger, wenn wir einander immer verzeihen würden.

2. SprecherIn: Ganz genau, blauäugig diese Vorstellung, allen immer wieder eine Chance zu geben. Wo kämen wir hin, wenn wir immer wieder verzeihen würden. Schon in der Kindererziehung ist es wichtig, Grenzen zu setzen, zu strafen, damit die Kinder lernen, nicht nur egoistisch zu handeln.

3. SprecherIn: Auch ich spüre in mir solche Gedanken. Aber zugleich ist die Faszination vorhanden, dass damit die Spirale der Gewalt durchbrochen werden kann.

1. SprecherIn: Nein, bitte nicht. Ich ertrage solche Worte nicht. Schau doch Ex-Jugoslawien an, allein die Stärke, die Androhung der Gewalt bringt etwas.

3. SprecherIn: Du hast recht, aber ich kenne Friedensfrauen, die Söhne im Krieg verloren haben und die in aller Zerrissenheit von einem dritten Weg sprechen: von der Trauer und Wut und der Ausrichtung auf Versöhnung.

2. SprecherIn: Ja, in Ruanda gibt es Menschen, die die ganze Familie verloren haben und die nun auf Weihnachten hin eine Trauer- und Versöhnungszeit gelebt haben.

3. SprecherIn: Ich weiss nicht, ob ich das könnte. Ich würde verbittert und voller Wut weiterleben.

1. SprecherIn: Ganz genau! Oder gibt es doch den dritten Weg, unermüdlich zu verzeihen, weil auf diesem Weg die Wut über die Täter nicht verdrängt, sondern verwandelt werden kann?

3. SprecherIn: Das meinte ich, verstehst du mich nun ein wenig? Ich weiss ja selber, wie unrealistisch es ist. Trotzdem will ich die Hoffnung nicht aufgeben, sonst könnte ich nie mehr Kommunion/Abendmahl feiern. Denn im Empfangen des Brotes des Lebens verbinde ich mich mit Christus, mit seinem Durchbrechen der Spirale der Gewalt. So erlöst er mich von der Vorstellung, allein die Rache befreie uns.

2. SprecherIn: Ich werde nachdenken. Schön wär's - und was bedeutet dies für den Umgang mit meinem Chef, der mich demütigt und sexuell belästigt?

1. SprecherIn: Ich weiss es doch nicht. Oder doch - wehre dich und bete für ihn. Ehrlich, ich glaube an die Kraft der Versöhnung, es ist meine einzige Hoffnung, um nicht zu verzweifeln.

7. Zwölf Friedensgrundsätze

1. Wir vertrauen fest darauf, dass Frieden möglich ist.

2. Abrüstung beginnt in unserem Herzen. Wir wollen gütige und versöhnliche Gedanken in uns hegen!

3. Frieden ist keine Windstille in zwei Kriegen. Frieden ist eine Bewegung von Mensch zu Mensch, von Volk zu Volk.

4. Es gibt keine Neutralität zwischen Frieden und Krieg. So wenig wie zwischen Gut und Böse. Völkermord beginnt im Kleinen, da, wo wir leben. Frieden beginnt im Kleinen, da, wo wir leben.

5. Wenn du Argwohn und Misstrauen in dir nährst und in deiner Umgebung ausbreitest, bereitest du Kriege vor. Wer in einem Staffellauf von Vertrauen zu Vertrauen eilt, erobert die Welt für den Frieden.

6. Menschliche Gemeinschaft und Frieden unter den Menschen entstehen durch Gespräche. Lerne Fremdsprachen, um andere Völker besser zu verstehen!

7. Zuhören können ist wichtiger als selber reden. Nicht dadurch, dass wir das erste Wort haben, sondern dadurch, dass wir recht zuhören, dienen wir dem Frieden in der Welt.

8. Vom letzten Platz her, nicht vom ersten, dienen wir dem Frieden. Gott erwählte sich zu unserer Erlösung den allerletzten Platz, den am Kreuzesgalgen.

9. Drei Dinge gehen dich heute an, wenn du ein Mensch des Friedens sein willst:
Gerechtigkeit - für jedes Land, in dem Krieg ist; für jeden Ort, an dem Menschen ungerecht behandelt werden.
Solidarität - das im Zusammenleben mit Menschen anderer Nationen, Rassen, Kontinente, vorab mit Fremden aus unserer Umgebung.
Die Bewahrung der Schöpfung.

10. Freundschaft mit anderen Menschen und Völkern müssen wir jeden Tag neu schaffen, sonst zerbricht sie, bevor sie echt wurde.

11. Es liegt mit an dir, was und wieviel in deinem Haus, in deiner Gruppe, deiner Kirche, deiner Gemeinde, deiner Presse, heute, diese Woche oder diesen Monat noch für den Frieden geschieht. Und vergiss nicht: Spätestens jeden Sonntag ist für den Christen, die Christin ein Tag des Friedens und der Versöhnung.

12. Drei widergöttliche Ungeheuer höhlen den Frieden aus in den Herzen, schüren den Krieg in der Welt. Wir treten den Kampf gegen sie an: Gleichgültigkeit - Miesmacherei - Sich's-gut-gehen-Lassen mit dem Rücken gegen die notleidenden Mitmenschen.

Nach Heinrich Spaemann

In: Beat Niederberger, Advent und Weihnachten mit Kindern feiern. Impulse und Modelle, rex verlag luzern stuttgart 1994, S. 77-78.

8. Tanz: Zu fällen einen schönen Baum

Kanon für 3 Stimmen

T: Eugen Roth 1960; M: Siegfried Macht 1984;
Rechte: Dr. Eugen Roth Erben (T), Don Bosco Verlag
München (M); aus:"Dass Friede werde"

Der Bewegungsvorschlag zu diesem Lied kann als Tanzbild verwendet werden und muss in diesem Fall von einer Gruppe eingeübt werden. Der Tanz eignet sich zum Beispiel im Gottesdienst für einen thematischen Beitrag innerhalb der Liturgie.

Aufstellung

Im Kreis, Front zur Mitte, die Hände nicht durchgefasst.

Ablauf

Zu fällen einen schönen Baum:
Mit der starr ausgestreckten rechten Hand
scharf von oben nach unten schneiden.

braucht's eine halbe Stunde kaum:
Mit vier kleinen, resoluten Stampfschritten sich über die rechte Schulter mit einer
halben Drehung am Ort nach aussen drehen. Der Rücken schaut jetzt zur Mitte.

Seitenansicht

Zu wachsen, bis man ihn bewundert:
Sich mit zwei bedächtigen Schrittlein
- auf *wachsen* und *bis* - wieder
über die rechte Schulter nach
innen drehen. Die Hände wachsen
dazu langsam von unten nach
oben, bis ca. Schulterhöhe, und
markieren so den Stamm des
Baumes.

braucht er, bedenk es, ein Jahrhundert:
Die Arme wachsen weiter in die Höhe
und jetzt auch in die Breite. Sie bilden
zuletzt eine ausladende Baumkrone.
In der Pause den linken Arm senken.

Kanon

Aufstellung in drei Kreisen.
Jeder Kreis steht für einen Baum.

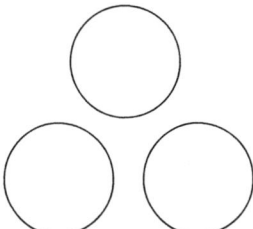

Zuerst singen und bewegen alle drei Kreise den Kanon einstimmig. Dann beginnt ein Kreis, der zweite setzt ein, zuletzt der dritte. Absprechen, wie oft der Kanon von jeder Gruppe gesungen und bewegt werden soll. Zum Schluss verweilen alle nacheinander mit den ausgebreiteten Armen - Ästen - in der Stille, wachsen in der Gebärde weiter und lassen so die Geschichte ausklingen.

Bewegungsvorschlag: Marlis Ott
Zeichnungen: Max Bosshart

9. Gedicht

Einem Menschen begegnen
heisst
mich
seiner leisen Berührung
öffnen
und so
verletztlich werden

Der Natur begegnen
heisst
ihr pulsierendes Leben
ihr langsames Sterben

ihr Ausgeliefert-sein
wahrnehmen
und in mir
Trauer, Wut
und Ohnmacht spüren

Der Welt begegnen
heisst
ihre Buntheit
entdecken
aber auch
um Napalm-Bomben, Folterkammern
und die Angst fliehender Menschen
wissen
und dann aufstehen
zum Widerstand

Denn das Licht
liegt in meiner Hand

Lisianne Enderli

In: Lichtblicke. Adventskalender der Jungen Gemeinde Zürich 1989, S. 44.

10. Zum eucharistischen Gebet

Beim Brechen des Brotes: Erinnert euch daran, damit niemand mehr alleine ist in der eigenen Gebrochenheit.
Beim Austeilen des Bechers des neuen Bundes: Dies sei euch ein Zeichen, dass die Spirale der Gewalt durchbrochen ist und auch im Sterben neues Leben für alle entsteht.

11. Friedensgeste

Alle Teilnehmenden sind eingeladen, die linke Hand zu einer Faust zu ballen und die rechte Hand offen vor sich hinzuhalten. In einem Moment der Stille denken wir über all das nach, was uns eine Faust machen lässt, und wo wir trotzdem auf neuen Frieden hoffen. Danach legen wir unsere geballte Faust in die offene, rechte Hand unserer Nachbarin, unseres Nachbarn; durch die Zuwendung und Wärme wird sie sich langsam öffnen. So können wir Geben und Nehmen als Zeichen der Versöhnung uns schenken lassen und zugleich andern schenken.

12. Segensbitte

Stell dir vor
Gewalt wird durchbrochen
verhärtete Momente werden aufgebrochen
segnende Gesten sind da.

Stell dir vor
Menschen werden nicht mehr für immer abgeschrieben
Veränderung wird möglich
Ausgegrenzte finden Aufnahme in unserem Kreis
segnende Zeichen sind da.

Stell dir vor
Versöhnung mit sich selber gelingt
erlösende Momente der Befreiung aus eigener Schuld
neues Aufeinanderzugehen wird möglich
segnende Worte berühren uns.

Stell dir vor
Christus ist mitten unter uns

im verzeihenden Miteinander
in der zärtlichen Umarmung
im solidarischen Aufbruch
bewegt uns Freundin Geist zur Versöhnung.
Amen.

13. Auf den Weg

Spirituelle Alltagsübung

Ich nehme mir Zeit, mein Verhalten im Hinblick auf die Gewalt in mir und um mich herum zu überdenken:
Gewalt liegt dann vor, wenn Menschen so beeinflusst werden, dass ihre aktuelle körperliche und geistige Verwirklichung geringer ist als ihre potentielle Verwirklichung.

Folgende Fragen helfen mir weiter:
- Was erlebe ich als Gewalt?
- Wie fühle ich mich dabei?
- Wie verhalte ich mich, wenn ich mit Gewalt von aussen konfrontiert werde?
- Wie und wo erlebe ich mich als Opfer, als TäterIn, als ZuschauerIn?
- Was fühle ich, wenn ich mit meiner eigenen Gewalttätigkeit in Berührung komme?
- Wie würde ich Gewalt definieren?
- Wie würde ich Macht definieren?
- Gibt es einen Unterschied zwischen Macht und Gewalt?
- Erlebe ich Macht, die nicht gewalttätig ist?
- Wo und wie erlebe ich mich mächtig/ohnmächtig?
- Kann ich mir vorstellen, dass es in gewissen Situationen gerechtfertigt sein kann, Macht in Form von Gewalt auszuüben?
- Kann ich mir vorstellen, dass strukturelle Gewalt nötig sein kann, um personale Gewalt zu unterbinden?
- Kann personale Gewalt legitim sein, um strukturelle Gewalt zu verhindern oder zu verändern?
- Kann ich mir eine gewaltfreie Gesellschaft vorstellen?

Weiterführende Gedanken in: Thomas Feldmann-Tanner, Eine Broschüre zum Welttag des Friedens 1995, erhältlich bei: Friedensdorf Flüeli-Ranft, CH-6073 Flüeli-Ranft.

Dieser Baustein kann kopiert und nach dem Gottesdienst den Mitfeiernden als Weggedanke für den Alltag mitgegeben werden.

Modell 12

Zugemuteter Aufbruch

Einstimmung und Gestaltungshinweise

Diese Feier mutet uns zu, erneut aufzubrechen in unser Leben, in unseren Alltag, in unsere Beziehungen, in der grossen Hoffnung, dass wir selber ein Stück Heimat in uns finden. Teresa von Avila sagt so trefflich: "Kann es etwas Schlimmeres geben, als dass wir uns in unserem eigenen Haus nicht wohlfühlen können? Wie können wir hoffen, in anderen Häusern Ruhe zu finden, wenn wir sie im eigenen nicht zu finden vermögen?" Doch dieser Ursehnsucht fügt sie hinzu: "Ich habe euch bereits gesagt, dass die Ruhe, welche die Seelen in ihrem Innern erfahren, ihnen dazu geschenkt wird, dass sie im äusseren Leben um so weniger Ruhe benötigen..." (Vgl. Briefe an Teresa, in: P. Stutz, Vom Unbegreiflichen ergriffen. Mystische Lebenserfahrungen, rex verlag luzern stuttgart 1993, S. 56-82.) Wenn wir am Ende einer Feier um den Segen Gottes bitten, so beinhaltet diese Bitte gleichzeitig die Verantwortung, ein Mensch zu werden, der auch andere segnet, das heisst, der den anderen das Gute zuspricht. Darum ist es schön, wenn wir alle einander segnen. Da, wo im Wohnviertel und/oder im Dorf ein Brunnen ist, da kann in einem oder mehreren Krügen Wasser geholt werden, damit alle einander segnen können. In kleinen Gruppen ist dies besonders eindrücklich, denn so können die Mitglieder einander auch beim Segnen ein gutes Wort mit auf den Weg geben.
Bei besonderen Feiern können Eltern mit den Kindern zum Taufbrunnen kommen, damit sie sich gegenseitig segnen können. Segen kann auch im Traugottesdienst oder bei einer Trauerfeier als Zeichen des Trostes gespendet werden. Gerade in Momenten, wo uns die Worte ausgehen, brauchen wir wohlwollende Gesten der Zuwendung, die uns Gott erfahren lassen.

1. Begrüssung

Liebe Mitfeiernde

Niemand von uns kann leben, ohne von Zeit zu Zeit ein gutes Wort, eine wohltuende Geste zu empfangen. Da Christus keine anderen Hände hat als unsere Hände, dürfen wir einander segnend begegnen. In dieser Feier wollen wir alle einander segnen. Für viele von uns wird das sehr ungewohnt sein. Es ist eine Einladung, niemand soll sich gezwungen fühlen. Trotzdem lade ich Sie ein, sich neu Gedanken zu machen, wie Sie durch Ihr Leben zum Segen werden für andere.

2. Lied: Herr, lass den Segen

Text und Musik: mündlich überliefert.

3. Zur Besinnung

Höher als bis zum Himmel

Von einem jüdischen Lehrer, einem Rabbi, ging die Sage, dass er jeden Morgen vor dem Frühgebet - zum Himmel hinaufsteige. Ein Gegner lachte darüber und legte sich vor dem Morgengrauen auf die Lauer. Da sah er: Der Rabbi verliess, als Holzknecht verkleidet, sein Haus und ging zum Wald. Der Gegner folgte von weitem. Er sah den Rabbi Holz fällen und in Stücke hacken. Dann lud der Rabbi das Holz auf den Rücken und schleppte es in das Haus einer armen, kranken, alten Frau. Der Gegner spähte durch das Fenster, und er sah den Rabbi auf den Boden knien und den Ofen anzünden.

Als die Leute später den Gegner fragten, was es denn nun auf sich habe mit der täglichen Himmelfahrt des Rabbi, sagte er: "Er steigt noch höher als bis zum Himmel."

Nach Elie Wiesel

Wir nehmen uns Zeit, unser Leben, unsere Beziehungen zu vergegenwärtigen. Wo könnte ich andern zum Segen werden, wo sind Menschen nah und fern darauf angewiesen, meine Hilfe zu erfahren? Wo kann ich durch Patenschaften einem Kind eine Ausbildung ermöglichen? Wo kann ich durch einen Besuch ein Engel werden für jemanden?

Weitere Geschichten, gesammelt von W. Hoffsümmer:
255 Kurzgeschichten, Nr. 79: An Gott oder an den Menschen zweifeln?; Nr. 110: Wann weicht die Nacht des Egoismus?
Kurzgeschichten 3, Nr. 80: Nur bei Anwendung; Nr. 121: Papst Johannes XXIII. - Den Sünder annehmen; Nr. 218: Ein wenig Leben spenden.
Kurzgeschichten 5, Nr. 102: Der kürzeste Weg zu Gott.

4. Gedanken-Anstösse

Einen Menschen lieben heisst ihn so sehen, wie Gott ihn gemeint hat.
Dostojewski

Einen Menschen lieben heisst ihm sagen, du wirst nicht sterben.
Gabriel Marcel

Einen Menschen retten heisst die ganze Welt retten.
Widmung am Ende des Films "Schindlers Liste"

5. Biblische Motive

Genesis 4,9: Auch uns gilt die Frage: Wo ist dein Bruder, deine Schwester?
Genesis 32,27: Einander nicht loslassen, bis wir einander gesegnet haben.
Numeri 6,22-27: Segensspruch.
Psalm 67: Dank für den Segen Gottes.
Matthäus 18,12-14: Niemand soll verloren gehen.
Matthäus 28,20: Christus ist alle Tage mit uns.
Markus 10,13-16: Jesus wehrt sich, um die Kinder segnen zu können.
Lukas 9,1-6: Auch die Jüngerinnen und Jünger sind befähigt, zu heilen und die Gute Nachricht weiterzuerzählen.
Apostelgeschichte 1, 9-11: Was schaut ihr zum Himmel? Geht zurück!

6. Glaubensbekenntnis nach der Bergpredigt in Matthäus 5

Den Weg zur Quelle finden jene,
die selber den ersten Schritt wagen,
die einander beim Namen rufen
und gemeinsam aufbrechen,
ihr Urvertrauen wird wachsen.

Den Weg zur Quelle finden jene,
die ihre Gefühle nicht mehr unterdrücken,
die mit andern lachen und weinen,
ihre Lebenskraft wird Hoffnung verbreiten.

Den Weg zur Quelle finden jene,
die miteinander Toleranz einüben
im gewaltfreien Widerstand
gegen Rassismus und Fremdenfeindlichkeit,
ihr Engagement wird durch
Gottes Phantasie begleitet.

Den Weg zur Quelle finden jene,
die in ihrer Sehnsucht
nach der Bewahrung der Schöpfung
jene sympathische Praxis Jesu erkennen,
ihre Solidarität wird Kreise ziehen.

Den Weg zur Quelle finden jene,
die trotz allem an das Gute im Menschen glauben,
den göttlichen Kern im Menschen entdecken,
ihre Geborgenheit in diesen verbindenden Geist Gottes
wird lebensspendend sein.

Den Weg zur Quelle finden jene,
die ein grosses Herz haben
für eigene Schwächen und Grenzen
und dies auch andern zugestehen,
ihre Ehrlichkeit wird sie zur Offenheit bewegen.

Den Weg zur Quelle finden jene,
die Konflikten nicht ausweichen
und die die versöhnende Kraft im Kampf
gegen die Ungerechtigkeit nicht vergessen,
ihre Zeichen der Versöhnung werden glaubwürdig sein.

Den Weg zur Quelle finden jene,
die Partei ergreifen für die
Ausgegrenzten und Missbrauchten,
ihr Widerstand wird durch
Gottes Atem der Gerechtigkeit belebt.

Feiert das Leben,
schwimmt gegen den Strom der Gleichgültigkeit,
tanzt, feiert, erzählt einander Hoffnungsgeschichten

und erahnt im Puls des Lebens
Gott, die Quelle allen Lebens.

Pierre Stutz

In: Taufgottesdienste. Den Weg zur Quelle finden, rex verlag luzern stuttgart 1994, S. 12-13.

7. Gedicht

In dieser einen Nacht des Jahres
wir werden sie nicht verpassen
wird dieser einmalige Stern
uns Erstarrte zum Tanz einladen
wird dieser Stern
den Hassenden Worte der Liebe eingeben
und den Trübseligen ein Lächeln entlocken.

In dieser einen Nacht des Jahres
wir werden sie nicht verpassen
wird dieser Stern
in den Kriegen die Sehnsucht des Friedens wecken
die Resignierten nach ihren Träumen befragen
und in den Herzen aus Stein das Zärtliche aufspüren.

In dieser Nacht des Jahres
wir werden sie nicht vergessen
wird uns die Himmelsfrau ein Geschenk machen
eine Sternenkrone
geformt aus den Träumen des Himmels.

Regina Osterwalder

In: trotzdem. Adventskalender der Jungen Gemeinde Zürich 1994, S. 64.

8. Segensgeste

In unserer Mitte stehen ein oder mehrere Krüge, gefüllt mit Wasser aus unserem Brunnen. Wir alle sind nun eingeladen, in Stille dieses Wasser zu segnen. Dies können wir auch mit einer Segensgeste tun, indem wir unsere Hand öffnen und segnend über das Wasser halten. - *Stille* -
Gott, du Quelle allen Lebens, segne dieses Wasser, damit es uns zum Hoffnungs- und Lebenszeichen wird. Amen.

Während wir nun den Krug oder die Krüge herumreichen, sind alle eingeladen, ihre Nachbarin, ihren Nachbarn zu segnen. Dies kann mit einem Kreuzzeichen auf den Kopf, auf die Stirn, in die Hände oder sonst einer Geste geschehen. Wer möchte, kann dabei eine Bitte oder einen Wunsch ausdrücken. Wir nehmen uns viel Zeit dazu und singen während dieser Feier das Lied: Gott, lass den Segen.

9. Segensbitte

Nun machen wir uns auf den Weg,
und wir vertrauen auf deine segnende Kraft.
Nun brechen wir auf in unseren Alltag,
und wir erhoffen uns bestärkende Begegnungen.

Nun sind wir bereit, Schwieriges anzugehen,
weil du uns darin ermutigst und begleitest.

Nun gehen wir zu den Menschen, die niemanden haben,
und lassen sie durch uns deinen Segen erfahren.

Nun sind wir da und danken dir, Gott,
du segnende Kraft in unserem Leben,
durch Christus, unseren freundschaftlichen Wegbegleiter,
vertrauend auf Schwester Geist, die in uns atmet, zum Segen aller. Amen.

10. Tanz: Aus tiefen Brunnen schöpfen

Kanon zu 3 Stimmen

Aus tie - fen Brun-nen schö - - pfen, le - ben-di - ges Was-ser,

Was-ser zum Le-ben und le - - ben und le - - ben.

Text: Eugen Eckert
Melodie: Torsten Hampel

Aufstellung

Einen Kreis bilden, einzeln stehen, Front zur Mitte. Die Hände bilden locker eine Schale als Schöpfgefäss vor der Brust.

Ablauf

Aus tiefen Brunnen:
Auf den Akzent, mit dem rechten Fuss einen Schritt zur Mitte tun und den linken Fuss beistellen = Gang zum Brunnen.

schöpfen:
Wasser schöpfen. Dazu schwungvoll in die Hocke gehen und wieder hoch kommen. Schöpfgebärde mit den Händen = reale und symbolische Handlung.

lebendiges Wasser:
Auf den Akzent einen Schritt rückwärts zum Ausgangsplatz gehen, mit dem rechten Fuss. Den linken Fuss beistellen. Dazu Wasser sorgsam in der Handschale tragen = Wasser heimholen.

Wasser zum Leben:
Sorgsam mit der Schale einmal nach rechts und nach links wiegen = das Leben feiern.

Und leben und leben:
Mit erhobenen Armen sich mit vier Schritten rechtsherum drehen = das Lebenswasser in seiner ganzen Fülle geniessen, wie unter einer 'Dusche' sich drehen und freuen.

Kanon

Aufstellung in drei Kreisen.
Jeder Kreis steht für
einen Brunnen.

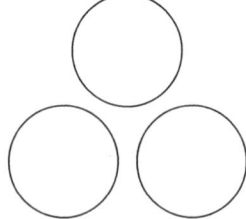

Zuerst singen und bewegen alle Kreise den Kanon einstimmig. Dann beginnt ein Kreis, der zweite setzt ein, zuletzt der dritte. Absprechen, wie oft der Kanon von jeder Gruppe gesungen und bewegt werden soll. Zum Schluss verweilen alle nacheinander mit erhobenen Armen eine Weile in der Freude.

Bewegungsvorschlag: Marlis Ott
Zeichnungen: Max Bosshart

11. Auf den Weg

Spirituelle Alltagsübung

- Beim Aufstehen stillstehen und um Gottes Segen bitten für diesen Tag.
- In der Schöpfung staunend die segnende Kraft Gottes ertasten.
- Andere segnen, die Kinder, die Partnerin, den Partner, die Eltern, Freundinnen und Freunde.
- Einander ein Echo geben und schreiben: Gut, dass du da bist.
- Sich wehren für die Menschenrechte und segnend für andere einstehen.
- Beim Schlafengehen sich tief verneigen und dankbar sein für alles Erlebte, Schmerzvolles loslassen im Erbitten um den Segen Gottes:
  Der zärtliche und friedensstiftende Gott segne uns und alle Menschen, die auf unser Gebet vertrauen. Gott nehme uns und alle auf in der Nacht und behüte uns. Amen.

Die "zehn Gebote des Lebens" in der Wohnung, am Arbeitsplatz aufhängen, immer wieder meditieren und danach handeln:

1. Glaube, dass Gott der Gott des Lebens ist und für alle die Fülle will und nicht den Tod.
2. Missbrauche nicht den Namen Gottes, um das Leben anderer zu schädigen.
3. Lobe Gott für das Leben und feiere es als grosses Geschenk und als Fest.
4. Achte jene, die dir das Leben gaben.
5. Verteidige bedrohtes Leben, wo immer du kannst.
6. Liebe das Leben, erfreue dich daran und lass auch andere daran teilhaben.
7. Reiss nicht Güter an dich, die für alle da sind, weil alle sie zum Leben brauchen.
8. Hilf mit, dass alle genug zum Leben haben.
9. Teile, was du hast im Leben, geschwisterlich mit deinen Mitmenschen.
10. Setze dich mit deinem Leben ein für das Leben aller.

Aus den Andenländern: Revista Pastoral Andina

Dieser Baustein kann kopiert und nach dem Gottesdienst den Mitfeiernden als Weggedanke für den Alltag mitgegeben werden.

Modell   Literaturverzeichnis

	Modell	
Matthäus 15,29-31	7	Nana Amstad/Pierre Stutz, Wortgottes-
Matthäus 16,25	8	dienste. Aus dem Leben gegriffen - in
Matthäus 18,12-14	12	das Leben gesprochen, rex verlag lu-
Matthäus 18,21-22	11	zern stuttgart 1993.
Matthäus 21,28-32	8	Hallelu I, Junge Gemeinde (Hrsg.), Pu-
Matthäus 25,14-30	1	blikationen der Verbände (SKJV) - Jun-
Matthäus 28,20	12	ge Gemeinde, 1993.
Markus 1,35	2	Hallelu II, Junge Gemeinde (Hrsg), Pu-
Markus 4	10	blikationen der Verbände (SKJV) - Jun-
Markus 6,46	2	ge Gemeinde, 1994.
Markus 8,31-33	8	Willi Hoffsümmer, 255 Kurzgeschichten
Markus 10,13-16	12	für Gottesdienst, Schule und Gruppe,
Markus 10,46-52	3	(Matthias Grünewald) Mainz 1981.
Lukas 7,4	11	Willi Hoffsümmer, Kurzgeschichten 2.
Lukas 9,1-6	12	222 Kurzgeschichten für Gottesdienst,
Lukas 9,28-36	2	Schule und Gruppe, (Matthias Grüne-
Lukas 13,10-13	1	wald) Mainz 1983.
Lukas 15,11-32	1	Willi Hoffsümmer, Kurzgeschichten 3.
Lukas 17,11-19	7	244 Kurzgeschichten für Gottesdienst,
Lukas 21,1-4	6	Schule und Gruppe, (Matthias Grüne-
Lukas 21,12-19	8	wald) Mainz 1987.
Lukas 22,14-23	9	Willi Hoffsümmer, Kurzgeschichten 4.
Johannes 5,1-18	7	233 Kurzgeschichten für Gottesdienst,
Johannes 5,17	5	Schule und Gruppe, (Matthias Grüne-
Johannes 11,33-35	3	wald) Mainz 1991.
Johannes 15,13	8	Willi Hoffsümmer, Kurzgeschichten 5.
Apostelgeschichte 1,9-14	12	211 Kurzgeschichten für Gottesdienst,
Römerbrief 8,18-30	5	Schule und Gruppe, (Matthias Grüne-
2 Korintherbrief 5,1-10	5	wald) Mainz 1994.
1 Johannesbrief 3,20	6	
1 Johannesbrief 4,7-13	6	
Apokalypse 3,14-22	1	

Katholische Junge Gemeinde (Hrsg.), AusZeiten! Texte und Gebete, Verlag Katholische Junge Gemeinde, Düsseldorf 1993.

Kumbaya, herausgegeben im Auftrag der Arbeitsgemeinschaft "Neues Singen in der Kirche", rex verlag luzern, 1980.

Hilda-Maria Lander, Tanzen will ich. Bewegung und Tanz in Gruppe und Gottesdienst, (Pfeiffer) München 1983.

Hilda-Maria Lander/M.-R. Zohner, Meditatives Tanzen, (Kreuz) Stuttgart 1987.

Vreni Merz, Von aussen. Nach innen. Meditieren mit Kindern, Jugendlichen und Erwachsenen in Alltag, Unterricht und Gottesdienst, (NZN) Zürich 1994.

miteinander, herausgegeben im Auftrag des Bistums Münster, dem Bischöflichen Jugendamt und der Jugendburg Gemen, Verlag Butzon & Bercker Kevelaer, 1993.

Beat Niederberger, Advent und Weihnachten mit Kindern feiern. Impulse und Modelle, rex verlag luzern stuttgart 1994.

Poverello, herausgegeben von Alexander Ziegert, Peter Riedel † und Klemens Ullmann, St. Benno Buch- und Zeitschriftenverlagsgesellschaft mbH Leipzig, 1993.

Waltraud Schneider, Getanztes Gebet. Vorschläge für Gottesdienste in Gemeinde und Gruppe, (Herder) Freiburg im Breisgau 1986.

Katharina Seidel, Moderne Gleichnisse. Für Unterricht, Predigt und Gruppenarbeit, rex verlag luzern stuttgart 1994.

Songbuch 1, herausgegeben von der Bundesleitung der Katholischen Jungen Gemeinde, KJG Verlagsgesellschaft mbH, Düsseldorf 1994

Pierre Stutz, Dem Morgen entgegen. Unaufhaltsame Gebete in Stunden der Nacht, rex verlag luzern stuttgart 1992.

Pierre Stutz/Lisianne Enderli, Tastend unterwegs. Gottesbilder im Mutterunser-Vaterunser, rex verlag luzern stuttgart 1990.

Pierre Stutz, Taufgottesdienste. Den Weg zur Quelle finden, rex verlag luzern stuttgart 1994.

Pierre Stutz, Urvertrauen und Widerstand. Zehn Gebote zur Befreiung, rex verlag luzern stuttgart 1991.

Pierre Stutz/Andreas B. Kilcher, Vom Unbegreiflichen ergriffen. Mystische Lebenserfahrungen, rex verlag luzern stuttgart 1993.

Maria-Gabriele Wosien, Sakraler Tanz. Der Reigen im Jahreskreis, (Kösel) München 1988.

Maria-Gabriele Wosien, Tanz als Gebet. Feiert Gottes Namen beim Reigen, (Veritas) Linz 1990.

Bücher und Hilfsmittel von Pierre Stutz im rex verlag

Vorbereitung auf Taufe und Heirat

Pierre Stutz

Du bist einzigartig

Taufbuch für Eltern, Patin und Pate
96 Seiten
ISBN 3-7252-0595-7

Vielfältige Impulse für die Taufvorbereitung und die Tauffeier: Vorschläge für die Geburtsanzeige, Gebete, Lieder, Geschichten und aktualisierte Symbole zur Taufe.

Susanne und Thomas Merz-Abt / Pierre Stutz

Ein Stück Himmel auf Erden

Zur Vorbereitung auf Trauung und Traugottesdienst
92 Seiten
ISBN 3-7252-0570-1

Ideen und Anregungen, die junge Paare ermutigen, sich kreativ und mit Freude auf ihr Hochzeitsfest und ihre Ehe vorzubereiten.

rex verlag luzern stuttgart

Gottesdienst-Modelle

Pierre Stutz
Taufgottesdienste
Den Weg zur Quelle finden
128 Seiten, ISBN 3-7252-0588-4

Taufgebete, Segensgebete, Predigtimpulse, Fürbitten, moderne Glaubensbekenntnisse und Lieder für Kleinkind-, Kinder- und Erwachsenentaufe.

Nana Amstad-Paul / Pierre Stutz
Wortgottesdienste
Aus dem Leben gegriffen - in das Leben gesprochen
120 Seiten, ISBN 3-7252-0571-X

Geschichten, Predigtimpulse, Lieder, Körperübungen, Dialoge, Meditationen, Fürbitten und Gebete. 12 Modelle zu verschiedenen Anlässen im Kirchenjahr.

Thomas Merz-Abt / Pierre Stutz
Gottesdienst feiern mit Trauernden
Anregungen zur Auseinandersetzung mit Sterben, Tod und Auferstehung und Gottesdienst-Modelle.
172 Seiten, ISBN 3-7252-0558-2

Impulse für den Umgang mit dem Tod, Hilfen für die Begleitung von Sterbenden, Gebete, Anregungen für die Vorbereitung von Trauerfeiern und 10 Gottesdienstmodelle.

Susanne und Thomas Merz-Abt / Pierre Stutz
Traugottesdienste
Anregungen zur Ehe-Vorbereitung und Gottesdienst-Modelle
172 Seiten, ISBN 3-7252-0546-9

Motivationshilfen für die kirchliche Trauung, Gedanken, Ideen für die Hochzeitsvorbereitung, Checkliste für die Vorbereitung des Traugottesdienstes, Gebete und 9 Gottesdienstmodelle.

rex verlag luzern stuttgart

Glaubens-Impulse

Andreas Benjamin Kilcher / Pierre Stutz
Vom Unbegreiflichen ergriffen
Mystische Lebenserfahrungen
160 Seiten, ISBN 3-7252-0578-7

Fiktive Briefe an Hildegard von Bingen, Johannes Tauler, Theresa von Avila und
Johannes vom Kreuz und ein fiktiver Dialog mit Meister Eckhart bieten Gesprächs-
impulse für die Erwachsenenarbeit.

Pierre Stutz
Dem Morgen entgegen
Unaufhaltsame Gebete in Stunden der Nacht
96 Seiten, ISBN 3-7252-0565-5

Von biblischen Psalmen inspiriert, ringt Pierre Stutz darum, in einer Welt voller Leid
einen Sinn zu finden. Seine Klagelieder bringen zum Ausdruck, dass Hoffnung gerade dort wachsen kann, wo wir dunkle Seiten und Stunden in unserem Leben annehmen.

Lisianne Enderli / Pierre Stutz
Tastend unterwegs
Gottesbilder im Mutterunser - Vaterunser
116 Seiten, ISBN 3-7252-0538-8

Aktuelle Glaubensfragen, die Menschen von heute unter den Nägeln brennen; eine
Frau und ein Mann ringen um ein neues Gottesbild.

Pierre Stutz
Urvertrauen und Widerstand
Zehn Gebote zur Befreiung
132 Seiten, ISBN 3-7252-0550-7

Die Zehn Gebote des Alten Testaments werden als grundlegende Werte für unsere
Welt und unser Menschsein fruchtbar gemacht.

rex verlag luzern stuttgart